LIST

neue edition list
Herausgeber: Adelbert Reif

Ossip K. Flechtheim, der während des Zweiten Weltkrieges (1943) in den Vereinigten Staaten erstmalig den Terminus »Futurologie« verwendet hat und später die Futurologie als eine Synthese von Ideologie und Utopie, aber auch als »Dritte Kraft« zwischen Kapitalismus und Kommunismus, die über beide hinausweist, bezeichnete, gibt in diesem Band einen repräsentativen Querschnitt seines Denkens.
In sieben Dialogen mit *Hans-Norbert Janowski, Claus Menzel, Peter J. Opitz, Adelbert Reif* und *Eberhard Rottmann* nimmt *Ossip K. Flechtheim* aus der Sicht des Futurologen und Politologen zu einer Vielzahl aktueller Probleme Stellung, mit denen sich der Mensch in unserer modernen Gesellschaft konfrontiert sieht: Planung der politischen und gesellschaftlichen Zukunft; Selbstverwirklichung des einzelnen in Staat und Gesellschaft; Legitimationswandel von Parteien und Gewerkschaften; Überwindung des Ost-West-Gegensatzes etc.

Das Buch will einen Diskussionsbeitrag zur Neuorientierung der demokratischen Gesellschaft leisten.

Ossip K. Flechtheim

Ausblick in die Gegenwart

Sieben Dialoge

Mit einem Vorwort von
Prof. Dr. Robert Jungk

List Verlag München

Umschlagentwurf: Werkstatt Hotop. Entwurf: Monica Plenk

ISBN 3 471 66559 5

Printed in Germany. Schrift: Garamond Antiqua.
Satz und Druck: Süddeutscher Verlag, München.
Bindearbeit: Klotz, Augsburg.

Inhalt

Vorwort

Die Beschäftigung mit der Futurologie wird heute noch vom akademischen Establishment nicht ernst genommen. Ja es gehört in gewissen Kreisen geradezu zum guten Ton, sich über sie zu mokieren. Das kann nicht wundernehmen. Denn Konformismus und die ihm entspringende Intoleranz gegenüber dem wirklich Zukunftsträchtigen stammt aus einem im Menschen tief verankerten Sicherheitsbedürfnis. Jedes neue Konzept, jede neue Erkenntnis, jede neue Erfindung erschüttern nicht nur geistige Gewohnheiten, sondern auch materielle Gelegenheiten.

Die Verteidiger des bisher Gültigen treten als Hüter unumstößlicher, ja ewiger Gesetze auf. Nirgends ist dieser anthropologisch durchaus verständliche Konservatismus und Dogmatismus aber so fehl am Platze wie in den Naturwissenschaften und den aus ihnen entwickelten Techniken. Denn die jeweils vorherrschende Schulmeinung müßte ja wissen, daß auch sie noch vor gar nicht so langer Zeit als Herausforderung angesehen wurde. Wie kann sie da mit gutem Gewissen den *»Status quo«* verteidigen? Nun, das gelingt mit Selbstbetrug. Man gestattet nämlich, solange gewisse Grundlagenerkenntnisse nicht angegriffen werden, Revisionen im Detail und meint damit sein Gewissen beruhigen zu können. Aber tritt einer auf, der eine tiefergreifende wissenschaftliche oder technische Revolution für möglich hält, dann muß er zuerst der Ungenauigkeit, dann der Unkenntnis und schließlich des Unsinns bezichtigt werden. Die »Priester« der »Kirche« Wissenschaft sind mit ihren »Häretikern« nicht viel schonender umgesprungen als die *»ecclesia militans«*. Sie wurden zwar nicht als Zauberer und Hexen verbrannt, standen aber jahrelang, oft bis zu ihrem Tode, im Feuer von scharfer, oft hämischer und verletzender Kritik.

Daß der jeweils gültige Rahmen zu eng sein könnte, daß er sogar auf falschen oder unvollständigen Erkenntnissen beruhen mag, will den Verteidigern des Bestehenden niemals einleuchten. Mit Schreckworten wie »Schwindel«, »Scharlatanismus« »Unseriosität« verteufeln sie das, was ihnen noch nicht vorstellbar, geschweige denn einsichtig erscheint. Die Vorgeschichte der wissenschaftlichen Revolutionen ist aber, wie der amerikanische Historiker *Thomas Kuhn* gezeigt hat, durch die schrittweise Erschütterung eben jener Rahmenvorstellungen gekennzeichnet, die bis dahin als einzig »legitim« galten. Erst wenn die Gegenbeweise eine stattliche Zahl erreicht haben und ein neues Konzept zahlreiche bisher nicht erklärbare Phänomene einsichtig zu machen versteht, wird die hochgesetzte Toleranzgrenze der szientistischen Intoleranz überschritten.

Besonders wirksam arbeiten die Phantasiesperren auf sozialem und philosophischem Gebiet. Ich habe in diesem Zusammenhang den Begriff des »Zeitgefängnisses« geprägt, in das wir eingesperrt sind. Es verhindert den Einbruch und den Ausbruch radikal neuer Ideen, es verkleinert den Horizont und mag schuld daran sein, daß wir die Zukunft fast immer nur als eine ins Überdimensionale vergrößerte Gegenwart sehen können. Sowenig sich ein mittelalterlicher Mensch eine Welt hätte vorstellen können, in der die Kirchen und Klöster nur noch eine Nebenrolle spielen, sind wir imstande, uns die

Welt kommender Jahrhunderte ohne Laboratorien und Fabriken auszumalen.
Könnte es sein, daß diese Intoleranz gegenüber dem ganz anderen eine Art geistiger Selbstschutz ist, vergleichbar etwa mit jener Intoleranz, die der menschliche Körper bei Implantationsversuchen gegenüber fremden Zellen oder fremden Körperorganen entwickelt? Der Gedanke ist nicht von der Hand zu weisen und sollte gerade von jenen überdacht werden, die für größte Offenheit und Duldsamkeit gegenüber dem Neuen und dem Neuerer eintreten. Denn nur das Erkennen eines Hindernisses wird vielleicht einmal Möglichkeiten zu seiner Überwindung eröffnen.
Weshalb wird dieser Schutz aufgebaut? Weil er Verfall und Tod abwehren soll. Gelänge es aber, diese Ereignisse von der Furcht und dem Schrecken zu befreien, die ihnen anhaften, könnten sie als ohnehin unvermeidliche notwendige Durchgangsstationen zu einer neuen Geburt, zu einem neuen Leben begriffen werden, dann wäre statt der Abwehr vielleicht Bereitschaft, ja sogar Mitarbeit denkbar.
Das »Sicherheitsbedürfnis«, das wir vorhin als Syndrom der Intoleranz gegenüber dem wirklich Neuen bezeichnet haben, erweist sich auf einer wesentlicheren Stufe als schiere Angst vor dem Untergang. Aufgehoben oder zumindest abgeschwächt wird sie daher nur werden, wenn hinter der dunklen Zone des *»Stirb«* die hellere Möglichkeit des *»Werde«* aufleuchtet. Fast alle Religionen wissen das seit langem, aber in unserem weltlichen Denken ist diese Erkenntnis noch immer nicht verankert.
Zu den wichtigsten Bemühungen einer neuen Pädagogik gehört die Förderung der Problemlösungsfähigkeit. Schwierigkeiten werden nicht länger vertuscht, sondern mit Hilfe von Kritikern gesehen und dann sowohl analytisch wie kreativ angegangen. Die dazu notwendigen Schritte werden von *Klaus Dette* (TU Berlin) folgendermaßen beschrieben: *erstens:* Erweiterung des Problemfeldes; *zweitens:* Beseitigung von

Vorurteilen; *drittens:* Entprogrammierung des Denkens; *viertens:* Untersuchung der Problemzusammenhänge. In der durch derartige Einübung zustande gekommenen »Divergenzphase« gelingt es dann oft wenigstens spielerisch, die Mauern der psychischen und historischen Vorurteile zeitweilig zu durchbrechen. Das geschieht zum Beispiel dadurch, daß die Teilnehmer an einer solchen Übung phantastische Rollen von fremden Personen, aber auch von Tieren, Pflanzen, Objekten oder Zuständen zugeteilt erhalten. Sie verlassen gedanklich vorübergehend die Realität und können später durch Analyse der von ihrem Gespräch aufgenommenen schriftlichen oder gefilmten Protokolle wichtige Hinweise auf völlig neuartige Lösungsmöglichkeiten erhalten. Derartige Kreativmethoden werden neuerdings auch angewendet, wenn versucht werden soll, Zukunftsentwicklungen vorauszusehen. Die *Vorausschau* hat bekanntlich im wesentlichen drei Methoden entwickelt:

1. Die *suchende Vorausschau,* die bereits im Keim vorhandene Ansätze in die Zukunft hinein verlängert und mögliche Ereignisse prognostiziert.
2. Die *zielsetzende Vorausschau,* die wünschbare künftige Ziele setzt und den Weg zu ihrer Verwirklichung detailliert auszuarbeiten versucht.
3. Die *intuitive Vorausschau,* bei der sowohl Wissen wie Phantasie eingesetzt werden, um auch Überraschendes, im Grunde kaum logisch Vorhersehbares in die Prognose einbeziehen zu können.

Besonders die letztgenannte Methode stößt häufig auf den Widerstand von seiten einer Wissenschaftlichkeit, die nur das als »rational« anerkennen will, was bereits lückenlos und schlüssig bewiesen werden kann, dadurch aber alle jene »halbgaren Ideen«, aus denen später oft die wichtigsten neuen Konzepte erwachsen, aus ihren »heiligen Hallen« vertreibt. Untersuchungen über die Entstehung großer wissenschaftlicher Ideen zeigen jedoch, daß der geniale Forscher nicht anders als der Künstler anfangs mit oft noch verschwommenen Einfällen arbeitet. »Sie müssen aber tagelang gerechnet haben!« bewunderten die Schüler ihren Meister *Niels Bohr,* als dieser ihnen zum ersten Male sein Atommodell präsentierte. »Durchaus nicht«, sagte er, »ich war sehr müde und meine Abwehr gegenüber verrückten Ideen deshalb geschwächt. Da ist mir das eingefallen. Rechnen — das müssen Sie jetzt!«

Kritik, Phantasie und Vorausschau tragen dazu bei, einen erhöht wandlungsfähigen Menschen zu schaffen. Er wechselt viel leichter Berufe als früher, seine Beweglichkeit ist größer denn je. Er lebt mit der Unsicherheit und erträgt sie. Sein Leben und sein Denken sind weniger als bisher durch starre Richtlinien und Prinzipien festgelegt. Er ist tolerant gegenüber seinen Mitmenschen, weil er selber dieser Toleranz bedarf. Nur sie erlaubt es ihm, Risiken und Wagnisse einzugehen.

Gewiß, es ist verglichen an der großen Zahl Lebender erst ein kleiner Kreis von Personen, die ein solch offenes, bewegliches und ungewisses Leben ertragen können. Aber ihre Zahl wird, ihre Zahl muß wachsen. *»The End of the stable state«* (Das Ende des stabilen Zustandes) heißt ein Buch des Amerikaners *Donald Schon,* in dem er die vielen Zeichen erwähnt, die auf eine solche »heraklitische Welt« hindeuten, eine Welt, in der »alles fließt«. Das ist nun nicht nur eine geistige Konstruktion, sondern entspricht auch den neuesten Erkenntnissen der Naturforschung, dem innersten Zustand der »toten und lebenden Materie«, wie wir sie durch die Elektronenmikroskopie der Biologen und die Blasenkammern der Kernforscher erkennen können. Es wird Zeit, daß unser Denken und Schreiben, das weitgehend noch von Vorstellungen einer exakt definierbaren, genau festlegbaren Wirklichkeit ausgeht, sich diesen Wahrheiten öffnet und erkennt: die starre, einteilbare, präzise, tote Welt war eine Arbeitshypothese, die der tiefsten Realität nicht entsprach. Alle starren Ordnungen, strengen Gebote und die aus ihnen sich ableitende Intoleranz sind Zeugnisse einer Überheblichkeit, die das kaum Faßbare zur Faßlichkeit vergröbert, um mit ihm umgehen zu können. Ein höherentwickelter

Mensch wird auf solche Rettungsbalken verzichten können, weil er endlich gelernt haben wird, im Strom des Wandels zu schwimmen.

Ossip K. Flechtheims Futurologie setzt den Beginn solch neuen Denkens und Verhaltens. Sie sollte nicht nur wegen ihrer Inhalte, sondern auch wegen ihres neuen offenen, undogmatischen Stils Beachtung finden. Sie programmiert die Zukunft nicht, sondern regt an mit ihr schöpferisch umzugehen.

Robert Jungk

ERSTER TEIL

Anspruch und Möglichkeit der Futurologie

Ein Gespräch mit Peter J. Opitz

Frage: Herr Professor *Flechtheim*, 1949 publizierte *George Orwell* seine Vision von der Welt im Jahre 1984. War *Orwell* ein Futurologe?

Flechtheim: Ich würde sagen, ja und nein. *Orwell* gehört in gewisser Weise in die Tradition der Utopie. Vor allem ist er jedoch der Autor einer ganz großen Gegenutopie. Er hat in genialer Weise einige der möglichen negativen Entwicklungen unserer Gesellschaft dargestellt und in die Zukunft prolongiert. Insofern gehört er mit in die Futurologie. Aber die Futurologie muß natürlich über Utopie und Gegenutopie hinausgehen.

Frage: Wenn das, was *Orwell* betrieben hat, keine Futurologie war, was ist dann Futurologie? Als Sie 1943 in der Emigration in den Vereinigten Staaten diesen Begriff prägten, welches war dazu der aktuelle Anlaß?

Flechtheim: Ich war, glaube ich, zunächst einmal schockiert von der Tatsache, daß damals in den Vereinigten Staaten jede

Art der Beschäftigung mit der Zukunft verpönt war. Ich erinnere mich noch, daß die *»New York Times«* einmal emphatisch erklärte – diese Zeitung hat niemals dem phantastischen Glauben gehuldigt –, etwas über die Zukunft aussagen zu wollen. Da bin ich einfach auf die »geniale« Idee gekommen, daß die Welt nicht am Soundsovielten um 10 Uhr morgens aufhört zu existieren, sondern daß sie – mit einiger Wahrscheinlichkeit! – irgendwie weiter bestehen wird und daß man also auch im politischen, philosophischen und wissenschaftlichen Bereich versuchen muß, diese weitergehende Perspektive in den Blick zu bekommen.

Natürlich hatten sich schon ganz andere, viel bedeutendere und wichtigere Leute mit der Zukunft beschäftigt. Ich erinnere hier nur an die große sozial-philosophische Tradition: *Thomas Morus* mit seiner Utopie; die utopischen Sozialisten; *Karl Marx, Alfred Weber, Walther Rathenau* oder auch *Ernst Bloch* – überall finden Sie das utopische Element. In den Vereinigten Staaten gab sich damals jedoch kein Politiker und Geschäftsmann mit solchen »Hirngespinsten« ab. Es herrschte eine ähnliche Situation wie in der Bundesrepublik um 1950, wo auch die Beschäftigung mit der Zukunft unserer Gesellschaft höchst unpopulär war.

Grundsätzlich möchte ich sagen, daß ich mit der Begründung der Futurologie in einem bestimmten Augenblick unserer geschichtlichen Entwicklung nur an etwas angeknüpft habe, das bereits eine große Tradition hatte.

Frage: Halten Sie es für Zufall, daß es eine systematische Zukunftsforschung erst seit relativ kurzer Zeit gibt, oder hat das etwas mit der spezifischen Situation unserer Gegenwart, d. h. mit der jüngsten geschichtlichen Entwicklung, zu tun?

Flechtheim: Was mich persönlich betrifft, so komme ich aus der marxistischen oder sozialistischen Tradition. Im Marxismus, im Sozialismus ging es natürlich immer um die Weiterentwicklung unserer Gesellschaft, um den Übergang des Kapitalismus zum Sozialismus, um die klassenlose Gesellschaft der Zukunft. Ich bin im Laufe der Zeit diesen überlieferten Konzepten gegenüber immer kritischer geworden; ich kam zu der Überzeugung, daß hier vieles zu revidieren sei, wenn auch der theoretische Ansatz: die Sorge um die Zukunft, die Hoffnung auf die Zukunft, durchaus berechtigt ist.

Und noch etwas anderes kommt hinzu. Als ich 1943 nach Atlanta/Georgia kam, berichtete mir ein älterer englischer Kollege von einem merkwürdigen Mann namens *Arnold Toynbee*. Ich las die bis dahin erschienenen drei Bände seiner *»Study of History«* und war davon ungeheuer fasziniert. Neben *Arnold Toynbee* waren es *Oswald Spengler*, *Max Weber*, *Alfred Weber* und *MacIver* – ein englisch-amerikanischer Soziologe, der sehr in der Richtung von *Alfred Weber* liegt–, die die Frage nach der Zukunft des Menschen, der Zukunft unserer Gesellschaft und Kultur für mich aktuell werden ließen. Ich habe kürzlich in einem anderen Zusammenhang gesagt, daß es sicher kein Zufall war, daß der Begriff »Futurologie« bei mir in den Jahren 1943 bis 1945 entstand, in einer Zeit also, die auch mit den Namen Auschwitz und Hiroshima gekennzeichnet ist. Unter diesen beiden Vorzeichen erwuchs die Sorge um die Weiterentwicklung des Menschen und der Gesellschaft.

Überhaupt setzte nach 1945 die gesamte naturwissenschaftlich-technische Entwicklung, also das ein, was man später als die wissenschaftlich-technische Revolution bezeichnet hat: die ungeheure Beschleunigung des Wandels, das Hinausgreifen des Menschen über die Erde. Immer wieder habe ich mir den Kopf darüber zerbrochen, seit wann eigentlich der Gedanke der Raumfahrt ernst genommen wird, und ich bin zu dem Ergebnis gekommen, daß das ebenfalls um das Jahr 1945 sein dürfte. Noch vor dem *Zweiten Weltkrieg* wurden Leute, die die Meinung vertraten, daß es den Menschen möglich sein würde, demnächst auf dem Mond zu landen, für ebenso verrückt gehalten wie die Futurologen.

Frage: Was will nun die Futurologie praktisch leisten? Oder: Was kann und könnte sie leisten, wenn man ihr die Möglichkeiten dazu geben würde?

Flechtheim: Man kann vielleicht sagen, daß die Futurologie drei große Arbeitskomplexe umfaßt: die Prognostik, die Planung und die umfassende Philosophie, Pädagogik und Politik der Zukunft. Interessanterweise ist die Prognostik das jüngste Kind der Futurologie. Die Prognostik im engeren Sinne geht natürlich auch wieder zurück auf Bevölkerungsstatistiken und deren Verlängerung in die Zukunft oder Konjunkturuntersuchungen und ähnliches; sie ist aber erst während und nach dem *Zweiten Weltkrieg* in den Vereinigten Staaten umfassender entwickelt worden, als man für militärische Zwecke und später dann auch für die Wirtschaft Genaueres über die weitere Entwicklung wissen wollte — sei es nun von Waffensystemen oder von Produkten und deren Marktchancen.

Frage: In jüngster Zeit käme noch die Berechnung der verschiedenen Faktoren der Umweltbedrohung hinzu.

Flechtheim: Natürlich, die Prognostik hat sich inzwischen ausgeweitet, und die meisten Zukunftsforscher betrachten das Gebiet der Prognosen, der Projektionen, der Extrapolationen als das eigentliche Gebiet der Futurologie; es geht dabei darum, mit mathematischen, statistischen, kybernetischen und anderen Methoden ganz bestimmte Entwicklungen in die Zukunft hinein zu verfolgen und zu projizieren.
Um nur ein Beispiel zu nennen: Man kann heute sehr genau feststellen, welche Entwicklung der Automobilabsatz, der Autoverkehr in den nächsten Monaten oder Jahren in einer bestimmten Stadt oder in einem bestimmten Land nehmen wird und welche Folgen das hat. Das ist gerade das, was sowohl in der Theorie etwa die Betriebswirte, Volkswirte, Technologen und in der Praxis die Verkehrsplaner, Unternehmer

usw. interessiert. Von der »kritischen Futurologie«, zu der ich mich rechne, wird das als zu »technokratisch« mit einem gewissen Fragezeichen versehen. Ich würde aber sagen, daß man solche Probleme nicht einfach links oder rechts liegen lassen kann, sie vielmehr sehr genau zur Kenntnis nehmen und mit in die futurologischen Betrachtungen einbauen muß.

Frage: Über den Sinn der Prognostik kann es kaum Meinungsverschiedenheiten geben. Aber wie steht es mit dem zweiten großen Aufgabenbereich der Futurologie: mit der Zukunftsplanung? Ist die Zukunft, wie Sie in Ihrem Buch[1] schreiben, in der Tat »offen, gestaltbar, disponibel«? Ist sie nicht zum Teil, vielleicht sogar zum größten Teil schon in der Gegenwart durch irreversible Entwicklungsprozesse weitgehend determiniert? Um es noch allgemeiner zu fassen: der Mensch mag zwar der Schöpfer der Geschichte sein und damit der Zukunft im besonderen, aber ist er noch ihr Herr?

Flechtheim: Das Interessante ist, daß die Planung aus einer ganz anderen Richtung kommt als die Prognostik, die ja im Grunde eine westlich-kapitalistische Angelegenheit ist. Die Planung stammt dagegen aus dem kommunistischen Bereich.
Die Angehörigen der älteren Generation werden sich noch an den Beginn des ersten Fünfjahresplans 1929 in der Sowjetunion erinnern können, der damals mit ungeheurer Spannung verfolgt wurde – mit großen Hoffnungen auf der einen Seite, mit sehr viel Skepsis auf der anderen Seite. Es gab einige durchaus ernst zu nehmende Kritiker des Kommunismus, die die Auffassung vertraten, daß eine solche Planwirtschaft wie die in der Sowjetunion überhaupt nicht funktionieren könne und daß bereits dieser erste Fünfjahresplan über kurz oder lang zusammenbrechen würde. Das ist nun keineswegs geschehen, wenn dieser Plan auch mit gewaltigen Opfern und unter

1 Ossip K. Flechtheim: Futurologie – Der Kampf um die Zukunft, Köln 1970.

kaum zu beschreibenden Schwierigkeiten durchgeführt wurde. Vielmehr hat sich eines gezeigt: daß nämlich selbst eine so überspitzt zentralistische Planwirtschaft mit großen technischen und industriellen Erfolgen Hand in Hand gehen kann.
In der Sowjetunion sind, wie Sie wissen, auf den ersten Fünfjahresplan eine Reihe weiterer Pläne gefolgt, und es gibt jetzt Perspektivpläne, die bis 1980 oder noch darüber hinaus gehen. Wir erleben abgesehen von der Sowjetunion die Planung in den anderen sogenannten sozialistischen Ländern, wir beobachten auch die Faszination der Planung in der *Dritten Welt* und die immer umfassenderen Planungen in den westlichen Industrieländern. Wenn wir allerdings einen Augenblick zurückdenken, ist es noch gar nicht so lange her, daß etwa in der Bundesrepublik das Wort »Planung« oder »Planwirtschaft« einen unangenehmen Beigeschmack hatte. In den fünfziger Jahren, in der *Erhard*-Zeit, sagte man: wir brauchen keine Planung, denn Planung bedeutet Verplanung des Menschen. Jede Art der Planung wurde als typisch angesehen für den Weg der Gesellschaft aus der Freiheit in die Knechtschaft.
Ich denke, diese Zeit ist heute endgültig überwunden. Wir brauchen nur an die umfassenden, wenn auch unterschiedlichen Planungen in Frankreich, in Holland und in einer Anzahl weiterer Staaten zu denken. Wir kennen heute in der Bundesrepublik immer mehr Planungen: Bildungsplanung, Raumplanung, Verkehrsplanung usw. – ganz zu schweigen von den umfassenden Planungen im militärischen Bereich.
Ich möchte hier auch gar nicht auf die technischen Einzelheiten eingehen, sondern auf das Problem des Verhältnisses von Planung und Freiheit. Eines ist klar: wir können nicht – wie in der Vergangenheit – Freiheit erwarten als Folge einer absolut unkoordinierten Aktivität von einzelnen. In einer Diskussion mit Studenten habe ich das an folgendem Beispiel deutlich zu machen versucht: Auch wenn wir alle sehr korrekte und rücksichtsvolle Leute wären, kämen wir heute ohne ein erhebliches Maß an Planung und Regelung im Straßenverkehr nicht

mehr aus. Wir könnten uns nicht darauf verlassen, daß uns jemand die Vorfahrt freiwillig einräumt; wir brauchen dafür die roten, gelben und grünen Lichter. Schon in einer so einfachen Situation ist Planung erforderlich, sie engt uns zwar in gewisser Beziehung in unserer Bewegungsfreiheit ein, gibt uns aber auf der anderen Seite die Freiheit, überhaupt mit dem Auto in einer verkehrsreichen Straße voranzukommen. Ähnlich verhält es sich in der Wirtschaft, in der Kultur, in der Gesellschaft. Wir benötigen mindestens bestimmte Rahmenplanungen, um unsere verschiedenen Ziele zu erreichen. Innerhalb dieses Planungszirkels gilt es, einen Bereich auszusparen, der der Individualität des oder der einzelnen vorbehalten bleibt.

Karl Mannheim, ein bei uns vielleicht zuwenig beachteter Soziologe, hat einmal das Wort geprägt: Planung für die Freiheit. Damit wollte er ankündigen, daß wir die Freiheit, etwas zu tun, erreichen, wenn wir entsprechende Planungsmittel einsetzen. Nun würde ich sagen, es gibt sicherlich zwei Dinge, die man bei dieser Planung verhüten muß. Das eine ist die überzentralisierte Planung; es ist erwiesenermaßen gefährlich, technisch wie politisch, alles von einem einzigen Zentrum aus zu planen. Wir kämen dann zu einem riesigen aufgeblähten, letzten Endes auch gar nicht mehr demokratischen Apparat ähnlich dem, wie ihn die Ostblockländer kennen.

Das andere, auf das wir achten müssen, ist, daß die einzelnen Bürger nicht vom planerischen Entscheidungsprozeß ausgeschlossen werden. Es genügt also nicht, die Planung zu dezentralisieren, es kommt vielmehr darauf an, sie zu demokratisieren, d. h. möglichst viele Menschen in den Planungsprozeß mit einzubeziehen. Das kann z. B. dadurch geschehen, daß die Städte bei der Stadtplanung, bei der Bauplanung, bei der Verkehrsplanung die Bürger mitbeteiligen. Überhaupt vertrete ich den Standpunkt, daß wir, wenn wir unsere Freizeit effektiv gestalten, wenn wir unsere Bildung weiter vervollkommnen wollen, dahin gelangen müssen, die breite Masse der Bürger zu Entscheidungen in den Grundfragen heranzuziehen. Damit setzen wir der »Planung von oben« eine »Planung von unten« entgegen.

Frage: Sind Sie nicht vielleicht ein wenig zu optimistisch im Hinblick auf die bevorstehenden Planungen, wenn Sie sagen, die Zukunft sei »offen, gestaltbar, disponibel«? Kollidiert diese Auffassung nicht mit der Tatsache, daß gewisse technisch-industrielle Prozesse, ich möchte nicht gerade sagen, sich verselbständigt haben, aber daß sie doch irreversibel sind, so daß man sich in der Planung doch an diesen Prozessen orientieren muß?

Flechtheim: Ich würde wieder sagen, ja und nein. Selbstverständlich sind wir nicht frei in dem Sinne, daß wir sagen können, wir wollen morgen dieses oder jenes tun. Wir sind nicht frei, zur Idylle einer Agrarwirtschaft zurückzukehren. Wir sind auch nicht frei, auf Automobil und Eisenbahn zu verzichten, weil uns vielleicht die Postkutsche besser gefällt. Wir können also ganz entscheidende Entwicklungen in der menschlichen Geschichte nicht mehr reversibel machen, es sei denn um den Preis von Katastrophen. Wenn eine große Katastrophe über uns hereinbricht, fallen wir möglicherweise zurück in primitivere Zustände wie nach dem Ende der Antike, aber das ist etwas absolut Negatives. Nur, innerhalb des verbleibenden Bereiches gibt es sehr entscheidende Wahlmöglichkeiten ...

Frage: Damit berühren Sie ein anderes interessantes Problem. Denn zu fragen ist ja nicht nur, *ob* und in welchem Maße wir die Zukunft planen *können*, sondern *wie* wir sie planen *wollen*. Es mag zwar gewisse absolute Prioritäten geben, über die keine Meinungsverschiedenheiten herrschen, wie z. B. über die Sicherung der Zukunft. Aber Überleben ist nicht alles, es gibt mehrere »Zukünfte«, die man sich vorstellen kann. Welche Zukunft wollen die Futurologen und woher beziehen sie ihre Maßstäbe?

Flechtheim: Es geht zunächst einmal um bestimmte Grundvoraussetzungen und Grunderfordernisse. Und da besteht nun heute – anders als zur Zeit von *Max Weber* – eine viel breitere Basis an Übereinstimmung. Wenn Sie sich die Erklärungen der *Vereinten Nationen*, der UNESCO, der *Welternährungsorganisation*, des *Europarates* usw. ansehen, dann finden Sie überall ein erhebliches Maß an Übereinstimmung in der Frage dessen, was die Grundrechte des Menschen betrifft. Das beginnt beim Recht des Menschen auf Leben und Überleben, setzt sich fort über die Rechte auf ein gewisses Existenzminimum, auf Erziehung, auf Bildung, auf Gleichberechtigung zwischen Mann und Frau bis zu noch konkreteren Forderungen. Erstaunlicherweise bekennen sich zu diesen Rechten verbal heute 90 Prozent der Menschen und der führenden Staatsmänner. Das heißt: im politischen und gesellschaftlichen Bereich sind sich so gut wie alle darüber einig, daß Gruppen, Nationen, Gesellschaften leben und überleben sollen, und zwar nicht in Not und Elend, sondern mit einem Mindestmaß an Standard und Komfort.

Meiner Ansicht nach sollte das ein Ausgangspunkt sein, um Strategien und Pläne auszuarbeiten etwa in Richtung einer Eliminierung des Krieges oder der Bekämpfung von Hungerkatastrophen. Gleichzeitig verbleibt aber ein nicht unbeträchtlicher Spielraum für verschiedene Wertvorstellungen, verschiedene Zielsetzungen und Lebenshaltungen. Das betrachte ich als etwas außerordentlich Positives, da wir ja sonst eine schreckliche Uniformität hätten. Hier hat die Futurologie einfach einen Pluralismus verschiedenster Auffassungen und Interessen zu konstatieren. Wir können nur dafür Sorge tragen, daß diese Auffassungen, Interessen und Meinungen möglichst klar zum Ausdruck gebracht werden, und daß wir Methoden entwickeln und Institutionen schaffen, um sie rational in die Wirklichkeit umzusetzen. Ob nun aber dieses oder jenes Individuum, diese oder jene Gruppe mehr Wert legen auf Ruhe und Beständigkeit oder auf Dynamik und Expansion, das müßte zunächst einmal ihnen überlassen bleiben.

Frage: Bei allen großen Gemeinsamkeiten, die Sie erwähnten und die gewiß bestehen, ist nicht zu übersehen, daß die Futurologie nicht nur Gegner hat, sondern auch in sich selbst zerstritten ist. Sie zerfällt in *zwei* Lager, in ein *kritisch-humanistisches* und in ein *konservativ-technokratisches Lager.* Sie persönlich wehren sich gegen eine neo-konservative Futurologie.

Flechtheim: Das ist richtig. Im Rahmen der genannten umfassenden Zielsetzungen gibt es natürlich sehr unterschiedliche Auffassungen über die Mittel und Wege.
Der *konservativ-technokratische* Futurologe ist sehr skeptisch eingestellt gegenüber der Fähigkeit des Menschen, Institutionen und Traditionen rasch und grundlegend zu wandeln, zu verändern, während umgekehrt der mehr *humanistisch-demokratische* Futurologe der Auffassung ist, daß wir in der Situation, in der wir uns augenblicklich befinden, gar nicht darum herumkommen, ein gewisses Risiko auf uns zu nehmen, weil wir nicht über eine unbeschränkte Zeit verfügen, die notwendigen Anpassungen oder Planungen vorzunehmen.
Es gibt freilich auch wissenschaftlich nicht ausgetragene Meinungsverschiedenheiten, z. B. über den Stellenwert von Konkurrenz und Kooperation oder den von demokratischer Beteiligung und funktionaler Führung. Zum Teil spiegeln sich hier echte Interessengegensätze wider. Ich bin aber insofern optimistisch, als ich glaube, daß wir durch rationale Diskussionen, durch Kommunikation immer wieder zu temporären Lösungen kommen können und sogar kommen müssen, die dann auch von der Gegenseite akzeptiert werden.

Frage: Aber können wir bei diesen temporären Lösungen stehenbleiben? Sind nicht durch den technisch-industriellen und wissenschaftlichen Prozeß, durch die gesamte wissenschaftlich-technische Revolution, in der wir uns befinden, auch andere grundsätzliche Wertvorstellungen fragwürdig geworden? Inzwischen hat sich doch erwiesen, daß das bisherige Credo der industriellen Welt, der Glaube an unbeschränktes wirtschaftliches Wachstum und an ein besseres Leben durch immer mehr gesteigerten Konsum, nicht länger aufrechtzuerhalten ist.

Flechtheim: Wir befinden uns in einem einzigartigen Prozeß: die Menschheit hat sich langsam aus einem Zustand des Elends, der technischen Rückständigkeit herausgearbeitet und es nun durch diesen gewaltigen technischen Fortschritt erreicht, daß immer mehr Menschen in den entwickelten Ländern ein relativ hohes Maß an Sicherheit, an Wohlstand und Wohlfahrt zur Verfügung steht.
Allerdings erkennen wir heute, daß wir dafür einen hohen Preis zahlen müssen; die Rechnung wird uns präsentiert in Form von Umwelt- und Zivilisationsschäden. Hieraus ergeben sich, wie die Ökologen betonen, ganz konkrete Probleme für die weitere Entwicklung unserer Kultur und Gesellschaft: die Grenzen dieses Wachstumsprozesses werden von Tag zu Tag deutlicher sichtbar.
Wir werden in Zukunft nicht mehr die Zahl der Automobile beliebig vermehren können, wie das in den vergangenen Jahren und Jahrzehnten geschehen ist. Es ist durchaus nicht erforderlich und wird auch nicht mehr gestattet sein können, daß jemand zwei oder drei Autos zu seinem privaten Vergnügen besitzt. Es ist ebensowenig erforderlich, daß jemand nach zwei oder drei Jahren sein altes Auto gegen ein neues auswechselt. Und es ist vielleicht nicht einmal erforderlich, daß jemand 24 Stunden lang ein privates Auto zur Verfügung hat. Hingegen sollten möglichst alle Bürger mit den verschiedenen öffentlich-kollektiven Verkehrsmitteln rasch und bequem zu möglichst vielen Orten gelangen können.

Wenn wir davon ausgehen, daß wir bereits im Jahre 2000 über 7 Milliarden Menschen auf der Erde sein werden und die Bevölkerungszahl wahrscheinlich auch nach diesem Zeitpunkt weiter anwachsen wird, ergeben sich allein daraus ganz konkrete Grenzen in bezug auf den zur Verfügung stehenden Raum sowie in bezug auf Luft und Wasser, besonders aber auch in bezug auf die Möglichkeit, Naturschätze auszunutzen. Andererseits sind wir wiederum in einer paradoxen Situation: wir dürfen nämlich nicht vergessen, daß es auch bei uns, in erster Linie aber in den Ländern der *Dritten Welt* Millionen von Menschen gibt, die nicht einmal das Minimum eines zivilisatorischen Lebensstandards erreicht haben. Im Interesse dieser Menschen müssen wir nun den industriellen Prozeß, die Technisierung und Industrialisierung, weiter vorantreiben, denn es geht darum, den sozialen und gesellschaftlichen Entwicklungsstand dieser Schichten unserem Lebensstandard anzugleichen.
Was den Lebensstandard der Wohlhabenden in der westlichen Welt betrifft, so ist er in materieller Hinsicht an der Grenze angelangt. Überspitzt formuliert, ist es doch vollkommen sinnlos, daß in einer noch fernen Zukunft die »oberen Zehntausend« ihre Ferien auf dem Mars verbringen »müssen«, während die Mittelschicht zur Venus oder zum Mond fliegen »muß«.
Es ist schließlich auch vollkommen gleichgültig, ob ein Mensch in 30 Minuten oder in 20 Minuten von Berlin nach München oder auch nach New York fliegen kann. Hier wird in Kürze der Punkt erreicht werden, wo sich die berühmten S-Kurven abflachen und wo es eventuell zu einer neuen statischen Entwicklung auf vielen Gebieten – und gerade auf denen der Technik – kommen wird. Sobald ein gewisses Optimum in der technischen Entwicklung erreicht worden ist – und das ist heute zweifellos der Fall –, muß der Tendenz zu einer weiteren »Verfeinerung« entgegengetreten werden, denn es besteht keinerlei Notwendigkeit dafür, mit wachsenden Kosten noch

kleine zusätzliche Erfolge zu erzielen, aber jede Notwendigkeit dafür, die großen Probleme wie Bevölkerungsexplosion, Nahrungsmittelknappheit, Bildungsnotstand usw. in so vielen Teilen der Welt zu lösen.

Frage: Nun schrieb im Jahre 1946 *Max Horkheimer,* das Fortschreiten der technischen Welt sei »von einem Prozeß der Entmenschlichung« begleitet. Der Fortschritt drohe das Ziel zunichte zu machen, das er verwirklichen soll. Weist dieses Zitat nicht auf eine noch tiefere Schädigung des Menschen hin, nämlich auf eine über das Materielle hinausgehende geistige Schädigung?

Flechtheim: Das ist wirklich ein sehr ernstes Problem. Wir sprechen heute allgemein von Entwurzelung, Entleerung, Entfremdung. In der Tat hat sich der ungeheure technische Fortschritt zunächst einmal stark auf Kosten anderer kultureller Werte, Betätigungen und Ausdrucksformen vollzogen. Die Energien, die in der Vergangenheit auf Meditation, Selbsterziehung oder Selbstgestaltung, auf Religion, Kunst usw. verwandt worden sind, wurden im 19. und 20. Jahrhundert in der technisch-wissenschaftlichen Entwicklung investiert. Zugleich muß ich aber gegenüber den Kulturpessimisten *Horkheimer* und *Marcuse* betonen, daß das 19. Jahrhundert auch eine gewaltige geistige und kulturelle Weiterentwicklung aufweist. Wenn wir vom Qualitativen einmal absehen, so haben wir heute wahrscheinlich nicht nur absolut, sondern auch relativ mehr Maler, Musiker, Schriftsteller, als es jemals in der Vergangenheit gegeben hat.

Frage: Aber auch mehr Analphabeten, mehr Kranke, mehr Menschen, die verhungern. Sind das nicht ebenfalls Folgen der Technisierung?

Flechtheim: Gewiß. Aber doch vor allem deshalb, weil die Bevölkerungszahl so phantastisch angewachsen ist. Das Wachstum der Weltbevölkerung ist eines der Probleme, die am vordringlichsten gelöst werden müssen.

Aber kommen wir noch einmal auf den Bildungsprozeß zurück. Ich kann mich eines gewissen Optimismus nicht erwehren, wenn ich heute in eine Buchhandlung gehe und sehe, wieviel kulturelle Werte dort billigst angeboten werden. Zum ersten Mal in der Geschichte können Menschen *Schiller, Goethe, Homer* usw. in preisgünstigen Taschenbuchausgaben erwerben. Kein Mensch kann mir einreden, daß dieser Vorgang ein Leerlauf ist: daß diese billigen Bücher zwar produziert und gekauft, aber nicht gelesen werden. Irgend jemand liest sie irgendwann ja doch – und so entsteht mit der Zeit eine Demokratisierung, eine Verbreiterung der Bildung.

Vielleicht darf ich hier ein persönliches Erlebnis einflechten. Als ich vor einigen Jahren gemeinsam mit *Horst Krüger* in der Sowjetunion weilte, schüttelte *Horst Krüger* über den Bildungsenthusiasmus der Sowjets immer wieder den Kopf und meinte kritisch: Das hier ist ja eine einzige Volkshochschule. Die Menschen in der Sowjetunion kannten eben die modernen und raffinierten Dinge noch nicht. Aber es ist doch immerhin ein sehr positives Moment, daß ein Volk, das noch vor 50 oder 70 Jahren ein Volk von analphabetischen Bauern war, heute in einem für den Westen kaum vorstellbaren Ausmaß liest und studiert, auch wenn es sich um *Balzac* und *Tolstoi* und nicht um *Günter Grass* oder andere Moderne handelt. In jedem Falle handelt es sich um einen Fortschritt des Bildungsstandes. Oder wenn wir an die zum Teil den Laien unbekannten oder unverständlichen modernen künstlerischen Produktionen, Experimente usw. denken – da gibt es doch neben dem Elend, dem kulturellen und zivilisatorischen Zurückbleiben einerseits und der geistigen Öde, Entleerung und Verkümmerung andererseits auch immer wieder eine Produktion echter Werte und damit Fortschritt in der gesellschaftlichen Entwicklung der Menschheit.

Frage: Sehen Sie das nicht etwas zu positiv? Denn gerade durch Technik, Wissenschaft und industrielle Entwicklung sind wir doch dahin gekommen, daß wir die Möglichkeit haben, die Welt im buchstäblichen Sinne des Wortes in die Luft zu sprengen und unsere ganze Zukunft zu vernichten. Und geht nicht auch die Umweltgefährdung auf das Konto einer ebenso sorglosen wie hemmungslosen Entwicklung von Wissenschaft, Technik und Industrie?

Flechtheim: Wir haben heute – wie niemals vorher in der Geschichte – eine extrem paradoxe, ja tragische Situation, die sich am besten mit dem Schlagwort »Unmenschlichkeit oder Unsterblichkeit?« umschreiben läßt. Der Mensch ist imstande, sich innerhalb der nächsten zehn, zwanzig oder dreißig Jahre selbst zu vernichten; er ist imstande, mittels seiner Politik oder Ökonomie einen totalen kulturellen Zusammenbruch, etwa ein neues dunkles Zeitalter herbeizuführen, nicht nur den »Untergang des Abendlandes«, den *Oswald Spengler* prophetisch vorausgesehen hat, sondern den Untergang der ganzen menschlichen Kultur und Zivilisation. Auf der anderen Seite verfügen wir – ebenfalls zum ersten Male in der Geschichte – über genügend Möglichkeiten, die positiven Entwicklungen abzusichern und sogar weiter voran zu treiben. Insofern glaube ich, daß wir uns jetzt an einem Wendepunkt der menschlichen Geschichte befinden.

Frage: Sie sprechen von einem Wendepunkt. Ich möchte dazu einen amerikanischen Kollegen zitieren, *Dr. Berry Commener,* Professor für Biologie an der Washington University in St. Louis, der zwar auch von einem Wendepunkt spricht, aber von dem sogenannten *»Point of no return«*. Seiner Ansicht nach ist die Zerstörung der Welt durch Technisierung und Chemisierung schon so weit fortgeschritten, daß in einigen Jahren der Punkt erreicht werden wird, an dem die Existenz menschlichen Lebens auf diesem Planeten nicht mehr möglich sein wird.

Flechtheim: Das sind letzten Endes alles Spekulationen. Kein Naturwissenschaftler wird Ihnen sagen, daß das bereits gesichertes Wissen ist.

Frage: Berry Commener ist Biologe ...

Flechtheim: Sicher, aber Sie finden einen anderen Biologen, der Ihnen genau das Gegenteil sagen wird. Es gibt positive und negative, optimistische und pessimistische Stimmen, man sollte sie jedoch nicht in dem Sinne verstehen, als sei bereits alles verloren oder alles nur halb so schlimm. Das würde nämlich dazu führen, daß wir gar nichts tun, um unsere Zukunft zu sichern und daß dann endgültig alles verloren wäre, was wir erhalten wollten. Ernst zu nehmende Gelehrte – ich denke hier besonders an *Carl Friedrich von Weizsäcker* – schätzen die Lage richtig ein; sie sagen: wir befinden uns in einer schwierigen Situation, aber die Situation ist nicht hoffnungslos, wir haben noch eine Chance, in den nächsten Jahren und Jahrzehnten entscheidende Dinge zu tun, um die gegenwärtige Krise zu überwinden. Allerdings: wie groß diese Chance ist, kann niemand genau errechnen.

Frage: Vor geraumer Zeit klagte der Kybernetiker *Karl Steinbuch,* zwischen die Einsicht in das Notwendige und das tatsächlich Geschehene würden sich unendlich viele unkontrollierbare Instanzen schieben, vor allem die Trägheit des Denkens und die Eigengesetzlichkeit der politischen Strukturen. Teilen Sie diese Auffassung, und was ist unter »unkontrollierbaren Instanzen« konkret zu verstehen?

Flechtheim: Ja, ich würde das noch spezifizieren. Erstens einmal Trägheit des Denkens, zweitens Trägheit des Verhaltens. Beides ist etwas, mit dem wir dauernd zu kämpfen haben. Darin liegt ein großes Problem. Der Mensch in seiner augenblicklichen Existenz ist ein »Gewohnheitstier«, allzusehr vergangenheitsgeprägt. Es fällt jedem von uns – auch mir persönlich – schwer, von Gewohnheiten, von Traditionen loszukommen, und zwar nicht auf dem Wege einer wilden Rebellion, sondern durch wirkliche Verarbeitung und Weiterentwicklung.

Nun kommt hinzu, daß diese Verhaltensweisen ihren Niederschlag in mächtigen Interessen gefunden haben. Es ist doch einleuchtend: ein General kann sich die Welt nicht ohne Armeen vorstellen, ein Universitätsprofessor nicht ohne Universitäten, ein Unternehmer nicht ohne Privatfirmen, ein Gewerkschaftsführer nicht ohne Gewerkschaften usw. Das heißt: jede dieser Institutionen oder Organisationen vertritt zunächst einmal ihre ganz spezifischen und begrenzten Interessen, und es fällt ihnen außerordentlich schwer, etwas zu fördern, was unter Umständen ihren unmittelbaren kurzfristigen Interessen zuwiderläuft; denken Sie an eine Zukunftsperspektive, deren Prognose lautet: in zehn oder zwanzig Jahren wird es für Betriebe eurer Branche keine Zukunft mehr geben, ihr müßt euch rechtzeitig umstellen. Oder: für diesen Typ Unternehmer, Technokraten oder Gewerkschaftler wird es in der Zukunft keinen Platz mehr geben bzw. wir können uns eine bessere Gesellschaft vorstellen, wenn diese oder jene Positionen, Interessen, Funktionen etc. verändert werden.
Die sogenannten *vested interests*, d. h. die überlieferten Interessen, kämpfen um ihre Weiterexistenz.

Welcher Politiker ist schon so zukunftsorientiert, daß er sich vorzustellen vermag, daß das politische Verhalten, die politische Ausbildung demnächst ganz andere Qualifikationen verlangen werden als bisher. Augenblicklich ist es doch noch so, daß Politiker oder Journalisten als Allerweltsleute fungieren (müssen), mit sehr begrenzten Kenntnissen. Leute dieser Art können aber keine umfassendere, global ausgerichtete, auf längere Perspektiven hin orientierte Politik betreiben, sie sind den wissenschaftlichen Anforderungen, die die Gegenwart an

uns alle stellt, einfach nicht gewachsen. Das ist für viele Politiker und für die Parteien ein ungeheures Problem.
Auf die daraus resultierenden massiven Widerstände gegen mögliche und vor allem notwendige Zukunftsentwicklungen immer wieder in der Öffentlichkeit hinzuweisen, halte ich für außerordentlich wichtig.

Frage: Wie sieht es konkret in der Bundesrepublik aus? Gibt es Kräfte, die versuchen, die Zukunftsforschung in ihrem Sinne, d. h. im Sinne der *vested interests*, zu beeinflussen?

Flechtheim: Es gibt natürlich die Industrie, die vor allem die Zukunftsforschung als Marktforschung betrieben sehen will. In dieser Richtung arbeitet u. a. das *»Industrie-Institut zur Erforschung technologischer Entwicklungslinien«* (ITE), zu dessen Aufgaben es gehört, die Chancen dieser oder jener Wirtschaftszweige zu untersuchen und Studien auszuarbeiten, wie diese Chancen verbessert werden können.
Um ein anderes Beispiel zu nennen: Eine große ADAC-Studie geht davon aus, daß die Zahl der Automobile in einem Maße zunehmen wird, daß die ideale Welt der Zukunft nur noch aus Automobilbesitzern bestehen wird und in diesem Sinne umgemodelt werden muß.

Frage: Zeigt ein solcher Fall nicht die grotesken Folgen, die sich aus einer unkontrollierten Durchsetzung solcher Partikularinteressen für die Gesamtgesellschaft ergeben können?

Flechtheim: Ja. Solche pseudowissenschaftlichen Prognosen können zu nichts anderem als zu einer Katastrophe führen. Aber das hat es in der vergangenen Geschichte immer wieder gegeben.

Frage: ... nicht auch in der gegenwärtigen? Ein deutsches Nachrichtenmagazin berichtete z. B. von Pressionen, die auf Professor *Carl Friedrich von Weizsäcker*, den Leiter des *»Max-Planck-Instituts zur Erforschung der Lebensbedingungen der wissenschaftlich-technischen Welt«* in Starnberg, ausgeübt wurden, daß er sogar gehindert werden sollte, konkrete Projekte zu untersuchen, da bestimmte Industrien, vor allem die deutsche Chemie, Geschäftseinbußen befürchteten.

Flechtheim: Selbst ein so diplomatischer und vorsichtiger Mann wie *Weizsäcker* hat einige Dinge gemacht, bei denen er gar nicht umhin konnte, bestimmte massive Interessen zu verletzen. So hat er eine Studie mitveröffentlicht über die ungeheuerlichen Auswirkungen eines Atomkrieges auf die Bundesrepublik[2]. Wenn das ernst genommen würde, müßte das zu einem Überdenken unserer gesamten Militär- und Sicherheitspolitik führen, was sich wieder negativ auf die Interessen verschiedener Industriezweige auswirken würde. Wir haben alle gehört, daß man ihm nahegelegt hat, gewisse Forschungsvorhaben nicht durchzuführen, und er ist, glaube ich, leider darauf eingegangen und beschränkt sich nunmehr — zumindest vorläufig — auf philosophische oder methodologische Probleme.

Frage: Sie sagen »leider«. Hätte es eine andere Möglichkeit gegeben? Schließlich bestehen finanzielle Abhängigkeiten.

Flechtheim: Eine andere Möglichkeit? Ich kann mir vorstellen, daß ein Mann wie *Weizsäcker*, mit seinem Prestige, wenn er die Dinge an die Öffentlichkeit bringt, sich doch durchsetzt. Er hätte jedenfalls die Jugend hinter sich.

Frage: Aber bleiben wir nicht beim *»Fall Weizsäcker«* stehen, der ja keineswegs repräsentativ ist, da nur wenige Wissenschaftler sein Prestige besitzen. Sollte man nicht institutionelle

2 Carl Friedrich von Weizsäcker (Hrsg.): Kriegsfolgen und Kriegsverhütung, München 1971.

Formen für die Zukunftsforschung finden, die sie von solchen Pressionen befreit?

Flechtheim: Zweifellos. Wir sollten uns viel stärker als bisher dafür einsetzen, daß nicht nur Zukunftsforschungsinstitute geschaffen werden, die mehr oder weniger unter dem Einfluß der Industrie stehen. Gewerkschaften und gemeinnützige Organisationen sollten jetzt endlich in dieser Richtung tätig werden. Wir brauchen Institute, die von den Kirchen getragen werden, von anderen kleineren selbständigen Organisationen, vom Staat . . .

Frage: . . . nicht zuletzt Bundespräsident *Heinemann* ist es ja zuzuschreiben, daß die Friedensforschung in Deutschland hoffähig wurde — und das hatte nun wiederum sehr beträchtliche finanzielle Konsequenzen. Haben Sie den Eindruck, daß die deutschen Regierungen sich der Bedeutung der Zukunftsforschung voll bewußt sind? Das heißt: werden von ihnen genügend finanzielle Mittel zur Verfügung gestellt, und — das ist ein mindestens ebenso wichtiger Punkt — nehmen sie die Ergebnisse der Futurologie nicht nur zur Kenntnis, sondern auch als Grundlage für eine rationale Zukunftsplanung?

Flechtheim: Es gibt ganz kleine Ansätze und Fortschritte. Die Tatsache, daß gerade *Gustav Heinemann* sich so für die Friedensforschung eingesetzt hat, scheint mir jedoch sehr wichtig — zumal Friedensforschung ein wesentlicher Teil der Zukunftsforschung ist.
Ich habe immer gesagt, Zukunftsforschung kann es nicht ohne Friedensforschung geben. Der Frieden ist die erste Bedingung der Zukunft. Wenn wir nämlich den Frieden nicht aufrechterhalten, haben wir überhaupt keine Zukunft, dann erübrigt sich auch die Zukunftsforschung. Insofern besteht also durchaus eine Übereinstimmung der Interessen.
Was die staatliche Förderung betrifft, so gibt es, wie ich bereits

erwähnte, gewisse Ansätze, und ich kann mir vorstellen, daß die heutige Bundesregierung und einige der Landesregierungen aufgeschlossener sind, als das in den fünfziger Jahren der Fall war. Doch das reicht keineswegs aus; zudem bin ich dagegen, die Sache nur den Regierungen, nur dem Staat zu überlassen. Denn dann besteht die Gefahr, daß die Interessen der Bürokratie oder gewisser Parteien zu sehr in den Vordergrund treten. Wir müssen vor allen Dingen dazu kommen, daß die akademischen Institutionen, die Universitäten, die Hochschulen, die wissenschaftlichen Organisationen in viel stärkerem Maße Initiativen entfalten. Was wir benötigen, sind autonome Institutionen im besten Sinne der Tradition, die erhebliche Sicherheit dafür bieten, daß unmittelbare, massive Interessen ausgeschaltet werden.

Frage: Denken Sie dabei an etwas Ähnliches wie die kürzlich gegründete *»Gesellschaft für Friedens- und Konfliktforschung«*, der man immer wieder vorwirft, daß sie aufgrund ihrer personellen Struktur, d. h. durch die verschiedenen Interessenvertreter, so weit paralysiert ist, daß die Wissenschaftler überhaupt nicht mehr in der Lage sind, sinnvoll zu arbeiten?

Flechtheim: Das ist in der Tat ein großes Problem. Auch in den Rundfunkräten gibt es diese Interessenkollisionen zwischen Gewerkschaften, Kirchen, Parteien. Andererseits verhindern gerade diese Interessenkollisionen, daß die eine oder andere Seite ihre begrenzten Ziele allzusehr durchsetzen kann. Wenn es jedoch zu einer Art von Kompromiß kommt, der alle jene Fragen, die irgendeine Interessengruppe negativ berühren, ausschaltet, wird freilich nichts erreicht, alles bleibt beim alten.
Um Ihnen ein Beispiel zu nennen: Vor einigen Jahren ist eine Studie unter dem Titel *»Deutschland 1975*[3]*«* erschienen, die

3 Ullrich Lohmar (Hrsg.): Deutschland 1975, Aanalysen, Prognosen, Perspektiven, München 1965.

von *Ullrich Lohmar* herausgegeben wurde. Damals hatten die Autoren, die diese Studie erarbeiteten, gewisse Schwierigkeiten mit der Bergarbeitergewerkschaft, als sie in ihren Analysen zu der Feststellung kamen, daß in Zukunft für den Bergbau erhebliche Probleme infolge rückläufiger Entwicklung entstehen würden. Sofort wurde von den Funktionären der Bergarbeitergewerkschaft erklärt: Ihr als Sozialdemokraten seid doch an guten Beziehungen zu den Gewerkschaften interessiert; wir als Bergarbeitergewerkschaft können Eure pessimistischen Pognosen nicht gut akzeptieren.

Frage: Damit sind wir beim zweiten Problem angelangt. Vertreten Sie die Ansicht, daß die Regierungen die konkreten Ergebnisse der Zukunftsforschung in die politische Praxis umsetzen, anders ausgedrückt: daß sie sich an diesen Ergebnissen orientieren?

Flechtheim: Zunächst besteht wohl die Tendenz, gewisse Forschungsergebnisse, die unangenehm sind, nicht einmal zu publizieren. Hier in Berlin hat es einen großen Kampf gegeben, als eine Kommission mit Professor *Kade* und anderen Prognosen über die Berliner Wirtschaft erstellte, die dem Staat sehr bedenklich erschienen. Diese Studie ist, glaube ich, dann nicht einmal vollständig publiziert worden. Da muß die Öffentlichkeit auf der Hut sein und immer wieder verlangen, daß die Wissenschaft ihre Ergebnisse auch veröffentlichen kann. Sie können heute ohne weiteres jede Studie über das alte Ägypten publizieren – die Publikation einer Zukunftsstudie enthält aber unter Umständen unmittelbaren politischen Sprengstoff, weil mit der Veröffentlichung die Zukunft selbst beeinflußt wird. Noch schwieriger ist dann natürlich die praktische Umsetzung der Forschungsergebnisse, da dabei verständlicherweise immer wieder Widerstände seitens der Bürokratien, der Privatinteressen und auch der Regierungen auftauchen.

Frage: Eine wichtige Voraussetzung für den Abbau solcher Widerstände wäre dann auf jeden Fall eine möglichst breite Öffentlichkeit, die an Zukunftsproblemen interessiert und vor allem darüber informiert wird.

Flechtheim: Eine informierte Öffentlichkeit – das ist auch von *Robert Jungk* immer wieder betont worden – und sogar eine Öffentlichkeit, die möglichst international ist, ist von größter Bedeutung.

Frage: Sie gaben eben das Stichwort »international«. Lassen sich die gewaltigen Probleme, die durch die globale Ausweitung der wissenschaftlichen und technischen Revolution entstanden sind, heute überhaupt noch adäquat im nationalen Rahmen, auf nationaler Ebene lösen? Wird eine internationale Zusammenarbeit nicht von Tag zu Tag gerade im Hinblick auf dieses Problem ungemein wichtig?

Flechtheim: Meiner Ansicht nach sind alle großen Probleme unserer Zeit zugleich Weltprobleme. Denken Sie an die Bemühungen um die Vermeidung von Kriegen oder an die Institutionalisierung des Friedens. Denken Sie an die Lösung des Bevölkerungsproblems, der Probleme des Hungers und der Armut in der *Dritten Welt.* Denken Sie an die ökologischen Probleme, deren Lösung immer dringlicher wird.

Frage: Man müßte eventuell auch Probleme wie das der Wettbewerbsverzerrung mit einbeziehen, das auch international gelöst werden könnte. Ein wirkungsvoller Umweltschutz kann doch kaum von einer Nation allein gewährleistet werden, da die Wirtschaft durch die entstehenden Kosten so weit zurückgeworfen werden würde, daß sie nicht mehr konkurrenzfähig bliebe ...

Flechtheim: Das darf nun wiederum nicht als Vorwand dienen. Ich möchte annehmen, daß wahrscheinlich jedes Land aus

eigener Kraft und im eigenen Rahmen viel mehr zur Bewältigung seiner Umweltprobleme beitragen kann, als dies gegenwärtig geschieht. Was in einigen Ländern, etwa in Schweden, in dieser Richtung geleistet wird, geht weit über das hinaus, was in anderen Ländern getan wird. Die Schweden wollen in den nächsten Jahren neue Maßnahmen im Bereich des Umweltschutzes ergreifen, die unter Umständen für die Allgemeinheit finanzielle Belastungen mit sich bringen. Aber Sie haben insofern recht: Der entscheidende Fortschritt wird sich wahrscheinlich nur im über-nationalen Rahmen realisieren lassen. Ich sprach kürzlich mit einem Biologen und Zoologen, der mir berichtete, daß er jetzt mit einer Gruppe von Wissenschaftlern an einem Projekt arbeitet, das darauf abzielt, die Umweltprobleme im europäischen Rahmen zu erfassen. Dieser Wissenschaftler ist der Auffassung, daß die Integration Europas – und er denkt dabei nicht nur an die *Europäische Gemeinschaft*, sondern an ganz West- und Osteuropa – erst im Rahmen der Lösungsnotwendigkeit oder des Lösungszwanges dieses Problems Fortschritte machen wird.
Gewiß, Projekte dieser Art stecken alle noch in den ersten Anfängen, aber von diesen Anfängen gibt es mehr, als allgemein bekannt ist. So haben die *Vereinten Nationen*, die im politischen Bereich leider wenig effektiv sind, bereits sehr wichtige Dokumente in dieser Richtung diskutiert und verabschiedet.

Frage: Als Sie den Begriff »Futurologie« prägten, lebten Sie in Amerika, und wie Sie eingangs sagten, befand sich die Zukunftsforschung damals in einem Stadium der Unterentwicklung. Wie sieht es heute aus?

Flechtheim: Wenn man einmal davon absieht, daß die Zukunftsforschung fast eine Mode geworden ist – überall auf der Welt beschäftigt man sich damit, zum Teil oberflächlich und häufig aus reklametechnischen Gründen –, hat sie sich doch in der einen oder anderen Form fortentwickelt. In den

Vereinigten Staaten gibt es eine ganze Reihe von Instituten, von denen sich leider eine Anzahl ausschließlich unter militärischen Aspekten mit der Erforschung der Zukunft beschäftigen. Ich denke hier vor allem an das *Hudson-Institute* von *Hermann Kahn*. Aber es gibt auch ein neues *Institute for the Future*, das von Wissenschaftlern geleitet wird, die sich von militärisch orientierten Corporationen gelöst und die institutionellen Voraussetzungen für eine unabhängige Forschung geschaffen haben. Es besteht ferner ein kleineres Institut in Washington, das sogar in Tuchfühlung mit Studenten- und anderen Bewegungen die Zukunft zu erforschen sucht, und zwar von einem durchaus sozialkritischen Ansatz her. Und was Europa betrifft: so gibt es hier das sehr bekannte *Friedens- und Zukunftsforschungsinstitut* von *Johan Galtung* in Oslo ...

Frage: ... um noch einen Augenblick bei den Vereinigten Staaten zu bleiben: Irgendwer klagte darüber, daß die Friedensforschung, die ja keine Zukunftsforschung im engeren Sinne ist, in Amerika viel weniger Chancen, viel weniger Öffentlichkeit und Wirkung hat als in Deutschland, obwohl auch hier ihre Wirkung sehr minimal ist. Verhält sich das mit der Zukunftsforschung ähnlich?

Flechtheim: Nein. Soweit ich sehe, gibt es in den Vereinigten Staaten eine große Anzahl von gut funktionierenden Friedensforschungsinstituten, von entsprechenden Publikationen usw. Das hat sich zwar nicht unmittelbar auf die politische Praxis ausgewirkt, wenn man an den furchtbaren Vietnamkrieg denkt. Immerhin sind bereits gute Ansätze vorhanden. Besser steht es in einigen anderen Ländern wie etwa in Kanada.

Frage: Und wie sieht es im Ostblock aus?

Flechtheim: In der Tschechoslowakei hat sich in den sechziger Jahren unter dem Vorsitz von *Radovan Richta* eine Gruppe

von Zukunftsforschern gebildet, das sogenannte *Richta*-Team. Dutzende von Gelehrten der verschiedensten Disziplinen innerhalb der Akademie der Wissenschaften haben jahrelang die Probleme der wissenschaftlich-technischen Revolution, der Demokratisierung der Gesellschaft usw. in Zusammenarbeit mit den Reformern innerhalb der Kommunistischen Partei intensiv analysiert. Die Reformbewegung 1968 in der Tschechoslowakei entwickelte sich u. a. auch auf der Grundlage der von diesem *Brain-Trust* erarbeiteten Forschungsergebnissen. Man kann also sagen, daß die tschechoslowakischen Futurologen der *Brain-Trust der Dubceks, Smrkowskys* etc. gewesen sind.
Was die osteuropäischen Länder unter Einschluß der Sowjetunion betrifft, so fördert man Ansätze zu einer Futurologie oder sozialen Prognostik, wobei der Trend allerdings in eine technokratische Richtung geht. Darüber hinaus gibt es auch Bemühungen um eine mehr humanistisch-demokratisch ausgerichtete Futurologie. Es versteht sich freilich von selbst, daß die Ansätze dieser Art, wie ich sie von meinen Kollegen in Jugoslawien, in Rumänien, in Ungarn und der Sowjetunion kenne, nur sehr behutsam weiterentwickelt werden können.

Frage: Welche Probleme halten Sie heute im Hinblick auf die Zukunftsforschung für zentral und besonders wichtig?

Flechtheim: Ich selber habe von fünf großen Herausforderungen oder *challenges* gesprochen. Lassen Sie sie mich kurz der Reihe und der Wichtigkeit nach aufzählen.
Das *erste* Problem ist die Eliminierung des Krieges und die Sicherung des Friedens. Denn wenn wir in kriegerische Katastrophen geraten sollten, brauchen wir uns über die Zukunft keine Gedanken mehr zu machen. Wir werden dann entweder von der Erdoberfläche verschwinden oder als Höhlenmenschen weiterleben. Das *zweite* große Problem bildet die *Dritte Welt:* die Zunahme der Bevölkerung, die Armut, die Not, das Elend, die Unwissenheit dort. Hier stellt sich die

ungeheure Aufgabe, durch eine neue, globale Entwicklungspolitik auf internationaler Ebene die Mittel zur Verfügung zu stellen, die gewährleisten, daß diese Menschen zunächst einmal überleben können, dann aber, daß sie instand gesetzt werden, sich selber zu helfen, also sich selbständig fortzuentwickeln. Das *dritte* Problem hängt mit dem ersten eng zusammen: es ist das Problem der Repression, der Gewalt, der Herrschaft innerhalb der Staaten; hier geht es um die Humanisierung und Demokratisierung unserer politischen und wirtschaftlichen Institutionen, um die Umsetzung unserer demokratischen Bekenntnisse in die Alltagspraxis. Das *vierte* Problem, das heute ganz besonders in den Vordergrund rückt und das mit dem zweiten Problem zusammenhängt, ist das Problem des Umweltschutzes oder der Bedrohung der Menschheit durch Umweltschäden. Das *fünfte* und, wenn Sie wollen, schwierigste, ja unheimlichste Problem ist der Mensch selber. Wie reagiert der Mensch auf die ganz neuartige, dynamische Entwicklung – der Mensch, der bislang gewohnt war, in festgefügten Verhältnissen zu leben? Heute lebt er in einer Welt voller Möglichkeiten, aber auch voller Fragen und Ängste. Hier stehen wir wahrscheinlich vor der komplizierten Aufgabe, einen Menschentyp zu schaffen, der mehr als wir heute imstande ist, rational zu denken, der aber auch fähig ist, sich nicht nur mit seinem Nächsten zu identifizieren, sondern – wie man so schön sagt – auch mit dem Fernsten.

Frage: Wie soll es denn zu einem solchen »neuen« Menschen kommen?

Flechtheim: Dieser neue Mensch wird, wenn er jetzt zustande kommt, das Resultat zweier Entwicklungen sein: einerseits der Arbeit am Menschen selber, der *éducation permanente* im Sinne von Erziehung, Bildung, Bewußtseinsklärung, psychologischer Weiterentwicklung, und zum anderen der Realisierung einer halbwegs menschlichen Umgebung.

Frage: Sie denken also nicht an erbbiologische Manipulation?

Flechtheim: Nein. Erbbiologische Manipulationen sind ja – zum Glück – im Augenblick nur beschränkt möglich. Ich hoffe, daß wir noch genug Zeit haben werden, um uns auf diese Probleme vorzubereiten. Im Moment sind diese Probleme jedenfalls weniger dringlich als bescheidene Eliminierungen bestimmter biologischer Schäden oder die Verlängerung der Lebensdauer.

Frage: Sie sprechen in Ihrem Buch *»Futurologie – Der Kampf um die Zukunft«*[4] von der Futurologie als einer Synthese von Ideologie und Utopie, von einer *Dritten Kraft* zwischen Kapitalismus und Kommunismus, die über beide hinausreicht. Und Sie stellen sogar die Prognose, daß die Futurologie zu einer demokratisch-humanistischen *dritten Front* werden wird, die quer durch alle Blöcke verläuft. Glauben Sie an eine Erlösung der Welt durch die Futurologie?

Flechtheim: Ich glaube nicht an die Erlösung der Welt, sondern ich meine, daß – philosophisch, theologisch gesprochen – der Mensch immer irgendwo ein problematisches, ein suchendes, ein letzten Endes nie glückliches Wesen sein wird. Insofern können wir von einer bleibenden *conditio humana* sprechen. Irgendwie war vielleicht der Neandertaler sogar glücklicher als wir, so wie wahrscheinlich die Kuh glücklicher ist als der Mensch. Aber ich glaube an die Lösung spezifischer Probleme unserer historischen Existenz, damit der Mensch überhaupt *menschenwürdig* überleben kann und nicht mehr gezwungen ist, sich auch nur seine elementarste materielle Basis täglich aufs neue zu erkämpfen.

4 Ossip K. Flechtheim: Futurologie – Der Kampf um die Zukunft, Köln 1970.

Ist die Futurologie eine Wissenschaft?

Ein Gespräch mit Claus Menzel

Frage: Herr Professor *Flechtheim,* Sie sind Futurologe. Futurologie enthält das Wort Zukunft. Ist Futurologie eine Wahrsager-Wissenschaft?

Flechtheim: Futurologie erinnert an Astrologie, aber auch an Soziologie, Theologie oder ähnliche Wortbildungen. Ich habe das deutsche Wort Futurologie geprägt. Die Futurologie sucht die Auseinandersetzung mit der Zukunft.

Frage: Während einem der Nutzen der Futurologie für die Gesellschaft gleich einleuchtet, fragt man sich doch, ob sie auch dem einzelnen in seiner konkreten Situation helfen kann?

Flechtheim: Vielleicht muß man *drei* Aspekte der Futurologie unterscheiden. Der *erste* Aspekt ist der der Voraussage im engeren Sinne des Wortes — Prognosen und Projektionen —, der *zweite* Aspekt betrifft die Planung und den Plan. Der *dritte* Aspekt ist das, was ich die Philosophie der Zukunft nennen möchte, also die Vision, die Kritik und die Gesamtschau. Nun gibt es zweifellos Bereiche, in denen man aufgrund statistischer Daten die Zukunft sehr genau voraussehen kann. Beispielsweise läßt sich durchaus sagen, wie in ein paar Jahren der Verkehr in den Großstädten — Paris, München oder Berlin — aussehen wird, so daß sich daraus gewisse Folgerungen ergeben und der einzelne sich bereits darauf einstellen kann.

Frage: Nun sprachen Sie eben von der Planung der Zukunft. Sie nannten als *dritten* Aspekt den der Philosophie. *Jean Meynaud* hat einmal gesagt, der Avenirismus sei die Ideologie des sozialen Stillstands. Sollte es also nicht so sein, daß man, noch ehe man Erkenntnisse und Gegebenheiten unserer Zeit in die Zukunft hineinprojiziert, zunächst einmal kritisch Stellung nimmt und fragt, ob es sich wirklich lohnt, das alles in die Zukunft hinüber zu tragen?

Flechtheim: Genau das ist meine Meinung. So bin ich auch vorgegangen. Ich habe mich bereits in den dreißiger und vierziger Jahren mit Futurologie beschäftigt — zu einer Zeit also, in der die Methoden der Trend-Extrapolationen noch sehr wenig entwickelt waren. Ich bin aufgrund geschichtsphilosophischer und gesellschaftskritischer Erwägungen zur Futurologie gekommen, und ich habe versucht, mir eine Vorstellung von der Welt zu schaffen, wie sie sein *wird,* wie sie sein *kann* und wie sie sein *soll.* Die beiden anderen Aspekte habe ich eigentlich erst später mit in meine Arbeit einbezogen. Heute glaube ich — und das vielleicht im Gegensatz zu einigen Utopisten und Visionären —, daß man die beiden anderen Seiten nicht einfach aussparen kann.

Frage: Robert Jungk hat einmal geschrieben, die Futurologie sei ein notwendiges Spielen mit Vermutungen, weniger die Verkündigung von Gewißheiten. Ist die Futurologie tatsächlich nur Spiel oder Spekulation oder ist sie eine Wissenschaft?

Flechtheim: Ja, was ist Wissenschaft? Wenn Sie von dem exakten naturwissenschaftlichen Begriff ausgehen, dann sind sehr viele akademisch etablierte Disziplinen wahrhaftig keine Wissenschaft. Ist etwa die Literaturwissenschaft eine Wissenschaft? Sehr ernst zu nehmende Gelehrte sind sich darüber durchaus nicht einig.

Frage: Wir müssen keineswegs von dieser engherzigen Auffassung des Begriffs »Wissenschaft« ausgehen. Die Wissenschaft als solche ist ja schon in der griechischen Klassik geprägt worden und war in dieser Zeit keineswegs auf die Naturwissenschaft beschränkt, die es damals im heute gebräuchlichen Sinne noch gar nicht gab; der Wissenschaft wurde zum Beispiel auch die heutige politische Wissenschaft zugewiesen ...

Flechtheim: Wenn wir in den Begriff »Wissenschaft« die Politischen- und Gesellschaftswissenschaften, die Philosophie und sogar die Theologie mit einbeziehen, dann würde ich sagen, daß ein weiter Bereich der Futurologie wissenschaftlichen Charakter trägt. Ich denke hier vor allem an die Prognostik. Die Prognostik erhält ihren wissenschaftlichen Rang dadurch, daß sie systematisch begrifflich mit sehr verfeinerten Mitteln Zusammenhänge feststellt, also Prognosen erarbeitet, die einen objektiven Wahrheitsgehalt haben. Und hier muß man bedenken, daß sogar die exaktesten Wissenschaften keineswegs immer jene primitive Sicherheit vermitteln, die ihnen der Laie zuschreibt. Ich erinnere mich in diesem Zusammenhang an eine Diskussion, in deren Verlauf ein Physiker erklärte, kein Wissenschaftler könne beweisen, daß die Natur, so wie sie existiert, in den nächsten Minuten, Stunden und Tagen weiter bestehen wird. Wir befinden uns hier also nicht mehr im Bereich eines absoluten logischen Wissens, sondern wir rechnen mit einer außerordentlichen hohen Probabilität. Ich denke da an das Problem der Unbestimmtheiten in der Physik ...

Doch um auf die Prognostik zurück zu kommen: Wir verfügen über eine ganze Reihe prognostischer Aussagen, von den Fahrplänen der Eisenbahn angefangen bis zur Entwicklung des Verkehrs oder der Bevölkerung, die einen an Sicherheit grenzenden Gehalt von Wahrscheinlichkeit haben. Darüber hinaus gibt es auch so etwas wie eine »angewandte Wissenschaft«; so sind beispielsweise in der Planung die Planungsmethoden, die Planungsvorhaben, fraglos wissenschaftlich ebenso fundiert und zuverlässig, wie das bei anderen angewandten Wissenschaften der Fall ist, etwa in der Ingenieur-Wissenschaft, in der Betriebswirtschaftslehre usw. Und hier fällt mir ein, daß Ärzte sehr häufig sagen, die Medizin sei keine Wissenschaft, sondern eine Kunst, womit sie andeuten wollen, daß sie über jene letzte Sicherheit — wie sie vielleicht in der theoretischen Physik vorhanden ist — in der Medizin nicht verfügen.

Frage: Ist die Futurologie demnach auch eine Kunst?

Flechtheim: Bei dem Begriff »Kunst« denkt man natürlich immer sofort an Malerei und ähnliche Dinge. Wie wäre es aber mit dem Begriff »Kunstfertigkeit«, die auf Erfahrung und auf einem gewissen Grad der Abstraktion beruht?
Ich glaube, die Parallele der Futurologie zur Medizin ist sehr aufschlußreich. Die Medizin ist bekanntlich ein Sammelsurium von Erkenntnissen, die nur dadurch zusammengehalten werden, daß damit ein eminent praktischer Zweck verfolgt wird, nämlich die Verhinderung von Krankheiten, die Heilung des Menschen, die Förderung der allgemeinen Gesundheit. Und so könnte ich sagen, die Futurologie ist in *dem* Sinne eine theoretische und praktische Wissenschaft, daß sie zur Rettung der Menschen und der Menschheit in den nächsten Jahren und Jahrzehnten beitragen will.

Frage: Wenn wir davon ausgehen, daß die Futurologie eine Wissenschaft ist, welche Position nimmt sie innerhalb des Gesamtbereichs der Wissenschaften ein? Betrachten Sie die Futurologie als eine Art Integrationswissenschaft oder aber nur als eine Teilwissenschaft, etwa der Geschichte oder der politischen Wissenschaft, die auch die Zukunft als eine Dimension der Geschichte mit einbezieht?

Flechtheim: Wenn Sie an die so umfassende politische Wissenschaft eines *Aristoteles* oder *Plato* denken, haben Sie durchaus recht. Inzwischen hat sich aber in den Gesellschaftswissenschaften ein Spezialisierungsprozeß vollzogen, so daß sich heute der durchschnittliche Ökonom oder Soziologe oder Politologe nurmehr mit Teilproblemen beschäftigt. Er beschäftigt sich nicht einmal mit dem Gesamtbereich der Politik, sondern mit der Außenpolitik, mit der Innenpolitik, mit den Parteien oder mit den Verbänden oder mit politischer Theorie. Nun hat sich im Laufe der Zeit ein gewisses Unbehagen an dieser Spezialisierung herausgebildet, und das Verlangen nach neuen wissenschaftlichen Formen, nach Zusammenfassung, Integration oder Synthese ist gewachsen.
So erklärt sich das Entstehen neuer wissenschaftlicher Disziplinen, ob es sich um Kybernetik handelt, um Systemanalyse oder Psychoanalyse, um Friedensforschung oder Zukunftsforschung. Alle diese Disziplinen hat man als »Superwissenschaften« bezeichnet, weil sie unter ganz bestimmten praktischen Fragestellungen an die tradierten Wissenschaften herangehen, sie in gewisser Beziehung »ausbeuten«, einiges von ihnen übernehmen und auf diese Weise die anderen Wissenschaften als »Zuträgerwissenschaften« behandeln, um eine Koordination angesichts einer ganz spezifischen Fragestellung zu erzielen. Im einen Fall handelt es sich um das Problem der Eliminierung des Krieges und der Sicherung des Friedens; im anderen Fall, noch umfassender bei der Zukunftswissenschaft, um die Sicherung des Lebens und des Überlebens des Menschen und der Menschheit. Und da müssen natürlich Politologen und Soziologen, Ökonomen und Pädagogen, Philoso-

phen und Naturwissenschaftler zusammenwirken, um die nötigen Kenntnisse aus den einzelnen Spezialbereichen zusammenzutragen und unter diesen oder jenen spezifischen Gesichtspunkten in einen neuen Zusammenhang zu stellen.

Frage: Besteht für die Futurologie nicht eine gewisse Gefahr der Oberflächlichkeit? Schließlich kann doch nur ein Spezialist exakte Prognosen und Planungen für seinen Bereich erarbeiten — nicht aber ein Allround-Futurologe ...

Flechtheim: Die gestellten Aufgaben kann die Futurologie nur interdisziplinär, d. h. in Teamarbeit, lösen. Es müssen also die Experten der einzelnen Wissenschaftsbereiche in Institutionen und Arbeitskreisen, in Publikationen und Diskussionen versuchen, Lösungsmodelle zu entwickeln. Für den Futurologen bleibt dann nur noch eine gewisse philosophisch-methodologische Arbeit zu leisten übrig, die vor allem darin besteht, immer wieder bestimmte Gemeinsamkeiten herauszuarbeiten, auf bestimmte Problemzusammenhänge hinzuweisen und bestimmte Arbeitsmethoden zu untersuchen.

Frage: Nun geben Sie selbst zu, daß ein Biologe oder ein Chemiker gleichzeitig ein Futurologe sein kann. Wird damit nicht vielleicht die Futurologie »überflüssig«? Oder anders formuliert: Was wäre das Spezifische einer eigenständigen Wissenschaft »Futurologie«?

Flechtheim: Ich selbst habe wiederholt von *futurologischen Aspekten* der verschiedenen Wissenschaftsbereiche gesprochen. Meine Ansicht ist, daß es letzten Endes gar nicht so wichtig ist, ob wir mehr von diesen futurologischen Aspekten ausgehen oder von *der* Futurologie. Und ich stimme Ihnen vollkommen zu, wenn Sie die Bedeutung der Beiträge der Einzelwissenschaften hervorheben. Es bleibt aber doch das Problem der Koordination, der Zusammenschau, der interdisziplinären

Arbeit. Das wird gerade von Wissenschaftlern gesehen, die aus einer ganz anderen Richtung kommen, und zwar von der Friedensforschung.

Frage: Aber steht die Friedensforschung nicht vor demselben Dilemma?

Flechtheim: Ja. Aber dieses Dilemma kann nicht dadurch gelöst werden, daß jeder nur seinen eigenen Weg geht. Ganz deutlich läßt sich das heute am Beispiel der Umweltforschung nachweisen. Ich hatte kürzlich ein Gespräch mit einem Biologen und Zoologen, der mir sagte, daß er und andere jüngere Wissenschaftler ihre Aufgabe darin sehen, Querverbindungen ihres Fachbereiches zur Wirtschaft, zur Politik, zu den Gesellschaftswissenschaften, ja sogar zur Philosophie und Theologie herzustellen, um bestimmte Umweltprobleme, auch biologischer und physikalischer Natur, zu lösen.

Frage: Daß solche Umweltprobleme nur noch von einer optimalen Perspektive her gesehen und gelöst werden können, ist unbestreitbar. Die Frage ist nur, in welcher institutionellen Form die Futurologie weiterbetrieben werden soll? An speziellen Instituten, in denen Experten-Teams der verschiedenen wissenschaftlichen Fachbereiche zusammenarbeiten, oder aber an den Universitäten, möglicherweise als gesondertes Lehrfach?

Flechtheim: Ich würde sagen, sowohl als auch. Was dringend erforderlich ist, ist die strenge interdisziplinäre Zusammenarbeit mit den entsprechenden Instituten; ebenso notwendig ist aber auch die eher primitive Einführung in die Futurologie und ihre Popularisierung, weil in der breiten Öffentlichkeit dieses Problembewußtsein überhaupt noch nicht vorhanden ist. Deshalb betrachte ich es als eine außerordentlich wichtige Aufgabe, möglichst viele Gruppen auf diese Probleme und ihre Zusammenhänge hinzuweisen, sie dafür zu interessieren. Es ist an der Zeit, sich in den Schulen mit der Futurologie zu beschäftigen; so wie es dort das Fach »Gegenwartskunde« gibt, müßte auch ein Fach »Zukunftskunde« etabliert werden.

Frage: Das wäre allerdings keine »angewandte Futurologie«, sondern nur eine Einführung in die Futurologie bzw. ein Hinweis auf die Zukunft als wichtige Dimension des Menschen in unserer Zeit . . .

Flechtheim: So wie es Einführungskurse in die Gesellschaftswissenschaften gibt, muß es auch eine Einführung in die Probleme der Futurologie, der Zukunftsforschung, geben.

Frage: Ich verstehe Sie aber richtig, daß Sie empfehlen würden, daß ein Futurologe — sofern das Fach »Futurologie« an den Universitäten etabliert wird — sich auf jeden Fall auf einen bestimmten wissenschaftlichen Bereich spezialisieren sollte, um dann konkret den wissenschaftlichen Gegenstand unter Zukunftsaspekten zu untersuchen?

Flechtheim: Unbedingt, daran kann gar kein Zweifel bestehen.

Frage: Nun gibt es das schöne Wort von *Jacques de Bourbon-Busset:* »Was wir wollen, ist nicht die wahrscheinliche Zukunft vorhersagen, sondern die wünschbare Zukunft vorzubereiten.«

Flechtheim: Ich würde sagen, daß man beides muß: Man kann die *wünschbare* Zukunft nicht vorbereiten, wenn man nicht weiß, was die *wahrscheinliche* Zukunft bringt.

Frage: Verleitet nicht das Wissen um manche als unabwendbar erklärte Entwicklung zur Resignation, zur Passivität?

Flechtheim: Diese Gefahr ist sicherlich vorhanden — und das ist nicht nur eine Gefahr, sondern zum Teil bereits eine Tatsache. Ich muß sagen, daß ich einerseits ganz froh darüber bin, daß die Beschäftigung mit der Zukunft heute zu einer Art Mode geworden ist. Andererseits bin ich natürlich nicht sehr glücklich darüber, daß gerade dieser Aspekt, die Gefahren, von denen Sie sprachen, zum Teil so stark in den Vordergrund gerückt sind. Grundsätzlich gibt es aber eine ganze Reihe von Erkenntnissen über die Zukunft, die durchaus nicht bündig, nicht endgültig sind. Jeder von uns sagt sich etwa, daß er sterben muß. Daraus kann man den Schluß ziehen, aus Angst vor dem Tod Selbstmord zu begehen. Ein anderer aber wird sich sagen, daß der Zeitpunkt seines Todes nicht feststeht und daß er vorher eine ganze Reihe von Möglichkeiten hat.

Frage: Könnten Sie das erläutern — vielleicht an einem Beispiel aus einer Zeit, in der es die Futurologie noch nicht gab?

Flechtheim: Gewiß. 1940 sah es so aus, als ob das *Dritte Reich* in Europa siegen würde. Der damalige französische Ministerpräsident war *Pierre Laval*, wohl einer der kühlsten und klügsten Politiker, die es je gab. *Laval* hat sich damals die Frage gestellt, was die Zukunft für Europa bringen würde, und er ist zu dem Schluß gekommen, daß sich Frankreich mit *Hitler* arrangieren müsse. Zur gleichen Zeit gab es einen anderen Mann—*de Gaulle*—, der vielleicht ein bißchen komisch wirkte, aber ähnliche Überlegungen anstellte und der sich sagte, daß die Gefahr eines Sieges von *Hitler* sehr groß, daß aber dieser Sieg nicht absolut sicher sei — und er hat recht behalten.

Frage: Ließe sich daraus folgern, daß *Lavals* Entscheidung anders ausgefallen wäre, hätte es damals schon futurologische Erkenntnisse gegeben?

Flechtheim: Durchaus. Falls *Laval* nur im Besitz jener Kenntnisse gewesen wäre, die er theoretisch hätte haben können. Dazu gehörte wahrscheinlich auch eine Einsicht in die besondere

Problematik des innersten Führungskreises des *Dritten Reiches,* in die Persönlichkeit seiner Führer, *Hitlers* . . .

Frage: Entsteht da nicht die wirklich grauenvolle Vision einer Welt, in der alles, das Menschliche und das Allzumenschliche des Bürgers, statistisch erfaßt, katalogisiert und verbucht wird, nur damit die Welt von morgen einigermaßen deutlich vorausgesehen werden kann?

Flechtheim: Ja und nein. Natürlich ist es so, daß wir in Zukunft eine ganze Reihe von Dingen zur Kenntnis nehmen müssen. Wir können die moderne technische Entwicklung nicht rückgängig machen und aufheben. Ich glaube aber, daß wir innerhalb dieser Entwicklungen unseren Freiheitsraum nur bewahren und erweitern können, wenn wir diese Entwicklungen sehr genau zur Kenntnis nehmen und einkalkulieren.

Frage: Aber es bleibt doch die Frage, ob bei der Entscheidung über die verschiedenen von der Futurologie aufgezeigten Alternativen nicht die Gefahr der Manipulation recht groß ist.

Flechtheim: Selbstverständlich. Wissen ist Macht. Es ist also ganz klar, daß diese Macht mißbraucht werden kann. Man kann sich natürlich eine Gesellschaft vorstellen, in der das ganze wichtige Wissen in den Händen einiger Spezialisten konzentriert ist, wie etwa in *Huxleys* visionärem Buch *»Schöne Neue Welt«* die General-Kontrolleure die Massen beherrschen. Dem steht aber die andere Möglichkeit gegenüber, daß man künftig wichtige Erkenntnisse in einer Weise publizieren und demokratisieren kann, die es früher nicht gegeben hat.

Frage: Durch Fernsehen, Film, Funk und Presse?

Flechtheim: Natürlich, oder durch die weniger von merkantilem Denken beeinflußten Schulen und Universitäten. Warum soll man immer so pessimistisch sein?

Frage: Nach welchen Methoden arbeitet nun die Futurologie?

Flechtheim: Da gibt es eine Vielzahl von Möglichkeiten; ein russischer Gelehrter hat einmal von 300 Methoden gesprochen. Wir müssen jedenfalls unterscheiden zwischen den ausgesprochen quantitativen, statistischen und kybernetischen Methoden, wie sie angewandt werden, um bestimmte quantitative Vorgänge in den Griff zu bekommen ...

Frage: ... Marktforschung, Verkehrsplanung ...

Flechtheim: Ja. Dabei sollten diese Planer natürlich über ihre unmittelbare Fragestellung hinausgreifen, aber sie tun das nur höchst ungenügend. Ähnliches gilt für die Planwirtschaft. Wir wissen, daß sie in den Oststaaten sehr entwickelt ist.

Frage: In Frankreich und Amerika auch.

Flechtheim: Aber die Kollegen in der DDR haben da wahrscheinlich noch mehr Erfahrung. Das sind Spezialwissenschaften, die ich kaum beherrsche. Dann gibt es aber die grundlegende Frage nach der Position und Funktion des Ganzen. Da arbeiten wir bislang mit den Methoden, wie sie überall in den Wissenschaften angewendet werden: der historischen Methode, der vergleichenden Methode, der Intuition. Das wird heute auch von allen Naturwissenschaften anerkannt.

Frage: Läßt sich bereits ein Bild der Welt von morgen entwerfen, das mit eben diesen Methoden erarbeitet worden ist?

Flechtheim: In meinem Buch *»Futurologie – Der Kampf um die Zukunft«* habe ich das versucht[1]. Ich gehe dabei von *drei*

1 Ossip K. Flechtheim: Futurologie — Der Kampf um die Zukunft, Köln 1970.

ganz groben Modellen aus. Das *erste* Modell ist ungeheuer einfach – das ist schlicht das Ende der Menschheit.

Frage: Durch ABC-Waffen?

Flechtheim: Ja. Das steht noch durchaus auf der Tagesordnung. Die Untervariante davon ist ebenfalls klar: eine ungeheure Dezimierung der Menschheit – auch durch einen ABC-Krieg – und ein Rückfall der Kultur, vergleichbar dem Untergang der antiken Gesellschaft. Schwieriger sind die beiden anderen Modelle. Das *eine* Modell wäre das des Neo-Cäsarismus, das letzte, *dritte* Modell das demokratische und sozialistische. Nun gibt es dazwischen natürlich Übergänge. Was jedoch den Neo-Cäsarismus angeht: Man kann sich vorstellen, daß im Westen und im Osten, aber auch in der *Dritten Welt*, die reaktionären, regressiven Kräfte sich sehr stark durchsetzen. Das würde dann zu vermehrter Rüstung, zu militärisch orientierter Raumfahrt, zur Abkapselung der reichen gegenüber den armen Ländern führen. Das ist ja das, was etwa *Herbert Marcuse* und seinen Anhängern als Gefahr vorschwebt, wenn sie von der letzten Perversion aller modernen Techniken sprechen.

Frage: Hierbei handelt es sich also um das technokratisch-bürokratische Modell ...

Flechtheim: Ja. Ich würde es aber nicht faschistisch nennen. Einen *Hitler* und ein Auschwitz würde es nicht geben.

Frage: Weil sie überflüssig wären?

Flechtheim: Ja. Es wäre freilich eine nur ganz begrenzt rationale, durchorganisierte Welt, zugleich voller Konflikte, ständig am Rand des Krieges. Das *dritte* Modell endlich wäre eine Welt, in der die ideologischen Gegensätze abgebaut würden, in der abgerüstet würde; die Hoffnung auf diesen *Dritten Weg* taucht immer wieder auf.

Frage: Welches Modell ist nun das Ihrer Ansicht nach wahrscheinliche?

Flechtheim: So etwas kann man natürlich nicht exakt vorhersagen, auch nicht mit Hilfe des Instrumentariums, über das wir schon verfügen. In Amerika hat man einmal eine Reihe von Leuten befragt. Es ist interessant, daß bei diesen Umfragen, die unter Wissenschaftlern verschiedener Disziplinen veranstaltet wurden, die Gefahr der großen menschheitsvernichtenden Kriege mit 25 bis 35 Prozent angesetzt wurde. Die *zweite* Möglichkeit würde ich ähnlich hoch ansetzen. Die Chance der *dritten* Möglichkeit liegt weit über einem Prozent, und deswegen lohnt es sich, darauf zu setzen. Sie ist also kein reines Hirngespinst.

Frage: Nun will niemand den Untergang der Menschheit. Und da wohl auch niemand von einer Handvoll hochspezialisierter Sozialtechniker regiert werden möchte ...

Flechtheim: Da bin ich nicht so sicher. Die Flucht vor der Freiheit ist in vieler Beziehung recht bequem, zumal sie ja manchmal durchaus ein hohes materielles Lebensniveau mit sich bringt.

Frage: Also doch *»Schöne Neue Welt«* – die *Eindimensionale Gesellschaft*, die *Marcuse* meint?

Flechtheim: Gewiß. Aber ich glaube doch, daß diese Welt den eigentlichen Intentionen der meisten Menschen nicht entspricht.

Frage: Wo liegen nun die Möglichkeiten des Futurologen, die *dritte* Möglichkeit wahrscheinlicher zu machen?

Flechtheim: Da unterscheidet sich der Futurologe überhaupt nicht von den anderen Bürgern. Er hat vielleicht einen etwas weiteren Blick, nicht mehr. Man kann von den Institutionen ausgehen und versuchen, diese zu reformieren. Man kann aber auch vom Individuum ausgehen, also von der Erziehung, vom persönlichen Umgang und Ähnlichem. Ich glaube, daß man beides tun muß, weil sich gezeigt hat, daß, wenn man noch so gute Institutionen schafft, aber nichts am Menschen verändert, man genauso scheitert wie im umgekehrten Fall, wenn man also nur versucht, den Menschen zu verbessern. Und noch ein wichtiger Punkt: Futurologie ist in erster Linie Friedensforschung, den Frieden garantieren kann sie natürlich nicht, aber ich glaube, daß wir uns nicht über die Zukunft unterhalten können, wenn die Zukunft durch Kriege vernichtet wird.

Frage: Futurologie als *crisis-management* im Dienste der Politik?

Flechtheim: Nein. Schon aus der Perspektive der Futurologie ergibt sich, daß sie sich auf die Fortschreibung der Machtpolitik nicht beschränken kann. In Ländern, die in der Friedensforschung weiter fortgeschritten sind als die Bundesrepublik, sieht man das schon eher. Ist es nicht ein Wahnsinn, daß die Welt sich in zwei Lager aufteilt und einen ganz erheblichen Teil ihrer Mittel darauf verwendet, sich auszurotten? Die Generalstäbe könnten — so gesehen — sich durchaus darauf einigen, im nächsten Krieg das eigene Land zu bombardieren. Das würde auch viel billiger, weil man ja Entfernungen einspart. Es ist übrigens bezeichnend, daß immer nur für die Zeit bis zum nächsten Krieg geplant wird. Ich bin überzeugt, daß auch die besten Generalstäbe noch keine Pläne für den »vierten Weltkrieg« haben.

Frage: Gustav Heinemann hat sich für die Errichtung eines *Deutschen Institutes für Friedensforschung* eingesetzt. Meinen Sie, daß davon neue Impulse ausgehen könnten?

Flechtheim: Dieses Institut kann zweifellos dazu beitragen, neue Impulse zu vermitteln, natürlich immer nur im Zusammenhang mit der Gesamtentwicklung. Einige Ansätze sind heute schon vorhanden. Andererseits ist es vielleicht zu wenig und zu spät, weil die Probleme so ungeheuer rasch auf uns zukommen und sich zuspitzen. Vor allem ist es außerordentlich schwierig, Mittel für Zukunftsforschung auf den Gebieten der Politik, der Erziehungswissenschaften und der Bildung zu bekommen.

Frage: Hier läßt sich ja auch merkantil nicht viel auswerten.

Flechtheim: Nein. Und man ist sich vielleicht bewußt, daß man da in Konflikte gerät, also durch manche Prognosen Leute vor den Kopf stoßen kann.

Frage: Gibt es denn überhaupt eine Möglichkeit, dieser Gefahr zu entgehen?

Flechtheim: Doch. In Amerika hat man unabhängige Foundations gegründet — das *Center for the Study of Democratic Institutions* beispielsweise, das von *Ford* finanziert wird —, in denen radikal gefragt wird, wieweit der Kapitalismus noch lebensfähig und sinnvoll ist. In Deutschland gibt es eine solche Tradition nicht. Ansätze sind nur in den Instituten der Universitäten vorhanden.

Frage: Mit welchen Themen hätte sich ein ähnliches Institut in Deutschland zu beschäftigen?

Flechtheim: Das ist ganz einfach: es müßte das Verhältnis der beiden Deutschland zueinander und die Entwicklung in Europa untersuchen. Da wird man dann feststellen, daß die deutsche Frage in zwanzig Jahren noch viel sekundärer wird, als wir uns das heute vorstellen können, weil sich einfach andere Probleme in den Vordergrund schieben werden.

Frage: Für das Leben des einzelnen in der Bundesrepublik, scheint es, hat die Spaltung doch kaum noch eine reale Bedeutung, manchen Tränen vor dem Brandenburger Tor zum Trotz.

Flechtheim: Freilich. Aber eine Annäherung der beiden Deutschland würde viel in Bewegung setzen. Es ist auch eine Erkenntnis der Futurologie, daß sich reaktionäre Positionen hüben und drüben nicht aufrechterhalten lassen, daß die Demokratisierung der beiden Deutschland nicht ohne Folgen bleiben würde. Die Lösung des deutschen Problems auf die eine oder andere Weise müßte auch in andere Bereiche ausstrahlen. Die westdeutsche Bevölkerung würde einfach die positiven Dinge in der DDR ...

Frage: . . . das Erziehungswesen, das Gesundheitswesen, die Lösung landwirtschaftlicher Fragen und so weiter ...

Flechtheim: ... zur Kenntnis nehmen, und umgekehrt würde man drüben eine Vorstellung bekommen von Rechtssicherheit, intellektueller Freiheit usw. Das ist doch der Grund, weswegen man auf beiden Seiten diese Angst vor der Annäherung hat. Ich möchte doch glauben, daß die nachrückenden Leute in den nächsten zehn Jahren wesentlich anders denken werden als in den fünfziger Jahren. Hüben und drüben.

Frage: Nun haben wir in Deutschland eine große kulturpessimistische Tradition — *Lagarde, Spengler, Langbehn* und andere. Dieser Kulturpessimismus kann aber eine beträchtliche Gefahr für die Demokratie bedeuten. Bildet die Futurologie hier vielleicht ein Gegengewicht?

Flechtheim: Ja. Futurologie soll zwar nicht Kultur*optimismus* verbreiten, wohl aber Fortschritte als *möglich* darstellen. Opfer wird es immer geben, und die zukünftige Massengesellschaft wird wesentlich standardisierter sein. Aber wir müssen bedenken, daß unsere Kultur bislang immer nur Sache ganz kleiner Minderheiten war und daß es doch eigentlich auch ganz schön ist, wenn der Arbeiter heute unter mehreren Wurstsorten wählen kann.

Frage: Sie halten also nichts von *Herbert Marcuses* Konsumfeindlichkeit?

Flechtheim: Nein, obwohl ich natürlich weiß, daß auch der Konsum zum Selbstzweck werden kann und daß dann die Gefahren entstehen, von denen *Marcuse* spricht. Aber daß ein Arbeiter heute anständig leben kann, halte ich zunächst für etwas Positives.

Frage: Pierre Massé, der französische Planwissenschaftler, hat gesagt, Futurologie sei die »Gymnastik des Möglichen«. Teilen Sie diese Ansicht?

Flechtheim: Ja. Dieses Wort ist sehr treffend. Hierzu aber auch ein Wort von *George Bernard Shaw:* »Der vernünftige Mensch paßt sich der Welt an. Der unvernünftige Mensch besteht auf dem Versuch, die Welt sich anzupassen. Deshalb hängt aller Fortschritt vom unvernünftigen Menschen ab.«

Kritische Futurologie – Brücke zwischen Ost und West

Ein Gespräch mit Adelbert Reif

Frage: Herr Professor *Flechtheim*, Sie haben noch während des *Zweiten Weltkrieges* (1943) in den Vereinigten Staaten erstmalig den Terminus »Futurologie« verwendet und später die Futurologie als eine Synthese von Ideologie und Utopie, aber auch als *»Dritte Kraft«* zwischen Kapitalismus und Kommunismus bezeichnet, die über beide hinausweist.
Welche Position nimmt die Futurologie in den politischen, ideologischen und ökonomischen Auseinandersetzungen der beiden großen Gesellschaftssysteme ein?

Flechtheim: Es gibt – wie Sie sicher wissen – verschiedene Richtungen in der Futurologie. Man unterscheidet hauptsächlich zwischen einer konservativ-technokratischen und einer mehr demokratisch-humanistischen Richtung, zu der ich mich bekenne. Was diese Richtung betrifft, geht es ihr um eine Synthese zwischen den beiden großen Gesellschaftssystemen: also zwischen dem demokratisch-kapitalistischen System des Westens und dem diktatorisch-kollektivistischen System des Ostens.

Eine solche Synthese wäre nur dann wünschenswert, wenn die positiven gesellschaftlichen Ansätze im Westen mit den positiven Ansätzen im Osten kombiniert und die negativen Elemente weitgehend verdrängt würden. Mit anderen Worten: zu erstreben wäre eine Synthese zwischen den liberalen, demokratischen und individualistischen Elementen und Institutionen im Westen einerseits und den kollektivistisch-planerischen, sozialpolitisch progressiven Ansätzen im Osten andererseits. Abzulehnen wäre hingegen eine Synthese, die auch denkbar ist: nämlich zwischen den kapitalistisch-monopolistischen Elementen im Westen und den autoritär-diktatorischen Elementen im Osten. Das Ziel wäre ein Sozialismus mit ausgesprochen demokratischer und liberaler Komponente, vergleichbar etwa dem, was 1968 in der Tschechoslowakei unter dem Schlagwort des *»Sozialismus mit menschlichem Antlitz«* angestrebt wurde.

Frage: Lassen sich Ihrer Ansicht nach politische oder gesellschaftliche Entwicklungen aufgrund futurologischer Prognosen in bestimmte Richtungen lenken, das heißt: sind sie beeinflußbar? Oder verhält es sich eher so, daß die Futurologie gültige politische Prognosen immer erst dann abgeben kann, wenn sich innerhalb einer Entwicklungsphase bereits ein zentrales Motiv, eine Art Trend, abzeichnet?

Flechtheim: Zunächst einmal sind ja Entwicklungen immer die Resultate menschlichen Verhaltens. *Friedrich Engels* hat einmal gesagt, daß die geschichtlichen Prozesse zwar auf der Bewußtlosigkeit der Beteiligten beruhen, aber trotzdem eine Art Komponente der verschiedenen Kräfte darstellen, so daß jeder, der lebt und wirkt, irgendwie in diese Gleichung hineinkommt, auch wenn diese Entwicklung dadurch nicht eindeutig und ausschließlich in einer einzigen Richtung beeinflußt wird. Da bisher sehr viele Entwicklungen auf dieser Bewußtlosigkeit der Beteiligten beruhten, konnte es geschehen, daß das, was ursprünglich erstrebt wurde, ins Gegenteil umschlug: aus der Revolution wurde eine Gegenrevolution oder eine Restauration.

Zum zweiten Teil Ihrer Frage: Trends kann und soll man untersuchen. Dabei ist es schon wichtig, etwas darüber auszusagen, wie stark ein Trend ist, in welcher Richtung er sich bewegt und mit welcher Geschwindigkeit; unter Umständen lassen sich auch Aussagen machen, ob dieser Trend in der bisherigen Richtung weitergehen wird oder nicht. Es ist eine Tatsache, daß Trends immer wieder nach einer gewissen Zeit an Intensität verlieren oder sogar in ihr Gegenteil umschlagen.

Hierzu ein Gedanke: Schon *Kant* hat gesagt, daß derjenige am besten prophezeien kann, der sich in einer Position befindet, aus der er die zukünftige Entwicklung entscheidend zu bestimmen vermag. So konnte *Hitler* erklären, daß zu einem bestimmten Zeitpunkt ein Krieg gegen Polen ausbrechen werde, weil er selber entschlossen und in der Lage war, diesen Krieg zu dem von ihm angegebenen Zeitpunkt zu entfesseln. Ähnliches geschieht an der Börse: Wenn ein großer Spekulant voraussagt, dieses oder jenes Papier werde am nächsten Tag im Kurs steigen, dann steigt es auch, schon aufgrund der Tatsache, daß er selber oder befreundete Partner Käufe in dieser Richtung tätigen. Es gibt also gewisse Aussagen, die ein so großes Gewicht haben, daß sie die Zukunft unmittelbar mit entscheiden. Natürlich ist auch das Gegenteil möglich: es wird etwas gesagt – und schon allein dadurch, daß es von Menschen aufgenommen wird, sie beeinflußt, tritt das Gegenteil ein. Auch hierzu ein Beispiel: Nach *Karl Marx* muß der Kapitalismus an seinen eigenen Widersprüchen zugrunde gehen, er muß zumindest in eine solche Krise geraten, daß die Proletarier ihn dann vernichten werden. Diese These ist weitgehend in das Bewußtsein der Arbeiterschaft eingedrungen; sie hat in diesem Sinne gehandelt, und das Ergebnis war und ist, daß der Kapitalismus so reformiert, so umgestaltet wurde und noch immer umgestaltet wird, daß er bis jetzt nicht untergegangen ist. *Eduard*

Heimann hat schon vor Jahren darauf hingewiesen, daß ohne die Arbeiterbewegung und ihre erheblichen Kampferfolge: Achtstundentag, Sozialversicherung, Steigerung des allgemeinen Lebensniveaus usw., der Kapitalismus wohl in der Tat an seinen eigenen Widersprüchen gescheitert wäre. So aber wurde er gerade durch die Arbeiterklasse, die ihn vernichten wollte, gerettet.

Frage: In letzter Zeit gewinnt das sogenannte *»normative forecasting«*, oder zu deutsch die »zielsetzende Vorausschau«, innerhalb der Futurologie immer größere Bedeutung. Diese Methode proklamiert eine Vorstellung, die entweder zum Reagieren *gegen* oder zum Reagieren *für* diese Voraussage anregt. Das heißt: die Prognose ist, da sie von handlungsbereiten Menschen gehört wird, entweder »selbstvernichtend« oder »selbsterfüllend«. Zeigt sie nämlich zukünftige Gefahren auf, so werden die Menschen alles unternehmen, damit diese Prognose sich nicht bestätigt; setzt sie ein wünschenswertes Ziel, so werden sie umgekehrt mit allen Kräften versuchen, sie zu verwirklichen.
Nun erweist sich der Optimismus, der mit dieser Methode dem »gesunden Menschenverstand« entgegengebracht wird, leider immer wieder als fataler Irrtum. Dazu ein Beispiel: obwohl die Verkehrs-, die Müllbeseitigungs-, die Luftreinigungs-, die Wasserversorgungsschwierigkeiten quantitativ kaum noch zu bewältigen sind, wurde bisher weder auf nationaler noch auf internationaler Basis eine Koordinierung der Maßnahmen zum Umweltschutz erzielt. Wie die Auseinandersetzungen um die Internationale Umweltschutzkonferenz 1972 in Stockholm gezeigt haben, ist selbst auf einem relativ ideologiefreien und von allen Beteiligten als lebenswichtig erkannten Gebiet keine sachliche, auf Vernunft gründende Aussprache und Entscheidung möglich.
Wie kann unter solchen Umständen die Methode der »zielsetzenden Vorausschau« zu einem Erfolg führen?

Flechtheim: Die Frage nach dem Erfolg oder Mißerfolg ist zum Teil eine Frage des Mehr oder Weniger und auch des Früher oder Später. Man braucht kein Optimist zu sein, um festzustellen, daß die Menschheit zwar allzuoft bei der Lösung schwieriger Aufgaben versagt, hin und wieder aber auch beachtliche Erfolge zu verzeichnen hat. Wäre nicht andernfalls das Überleben einer stark angewachsenen Erdbevölkerung unerklärlich?

Der Umweltschutz ist sehr spät zum Gegenstand des öffentlichen Interesses geworden. Immerhin ist es beachtlich, daß in den letzten Jahren die Anteilnahme an diesen Fragen überall sprunghaft gewachsen ist – innerhalb der Nationen wie aber auch im internationalen Rahmen. Es ist sicher verfrüht, hier von einem totalen Versagen zu sprechen. Warten wir doch ab, wie sich die Dinge weiter entwickeln werden.

Im übrigen meine ich, daß die Bemühungen um die Sanierung unserer Umwelt keineswegs nur »Alibicharakter« haben. In diesem Bereich sind wir alle, Arme und Reiche, Arbeiter und Unternehmer, Europäer und Amerikaner, Russen und Japaner, wenn auch in unterschiedlichem Ausmaß, doch so unmittelbar betroffen, daß alle »Betroffenen« wohl früher oder später dahin zu bringen sein werden, auch die erforderlichen Opfer heute und hier auf sich zu nehmen, um ihr Leben und Überleben morgen und auch etwas später zu sichern.

Viel ungünstiger sieht es freilich bei Herausforderungen wie der Armut in der *Dritten Welt*, der Kriegsgefahr oder dem Rüstungswettlauf aus, wo gerade die Privilegierten und Mächtigeren sich am wenigsten bedroht fühlen.

Frage: Georg Lukács hat in dem wohl einzigen veröffentlichten Gespräch, das er über Futurologie führte, die Frage aufgeworfen, inwieweit Tendenzen überhaupt extrapoliert werden können, da es sich doch gerade in unserer Gesellschaft zeige, »wie groß die Chance ist, daß etwas vollkommen Neues entsteht«.

Lukács erklärte: »Wenn man von einer Wissenschaft der Futurologie sprechen will, muß von vornherein eine Futurologie gemeint sein, die gerade in bezug auf die Möglichkeit der Extrapolationen außerordentlich kritisch ist; denn das Umschlagen in etwas Gegensätzliches ist eben infolge der hochentwickelten Technologie immer möglich.« Deshalb kann nach *Lukács* auch nur von einer ziemlich beschränkten Form von verwissenschaftlichter Zukunftsentwicklung die Rede sein, und man muß »kritisch im Gegensatz zu heute herrschenden Richtungen auf die Zusammenfassung und Diskussion der menschlichen Erfahrungen viel mehr Gewicht legen als auf bloße Extrapolationen . . .[1]«

Flechtheim: Was *Georg Lukács* fordert, habe ich selber wiederholt postuliert. Reine Extrapolationen sind von begrenztem Aussagewert. Sicherlich sind sie unerläßlich und auch relativ zuverlässig. Nur zwei Beispiele: es ist kaum anzunehmen, daß eine Kurve, die das Ansteigen des Kraftverkehrs in Westeuropa in den nächsten Jahren anzeigt, falsifiziert wird. Noch weniger Zweifel gibt es hinsichtlich der Zunahme der Weltbevölkerung – bis auf sechs oder sieben Milliarden im Jahre 2000. Natürlich muß man sogar bei diesen Beispielen stets bedenken, daß Katastrophen, wie globale Atomkriege, den Trend total umkehren können.

Ferner ist aber auch nicht zu übersehen, daß sich die bekannten S-Kurven immer wieder abflachen. Als Beispiel diene das Automobil: spätestens dann, wenn jede Familie in der Welt über eines oder zwei oder drei Autos verfügen wird, wird die Zahl der Kraftwagen nicht mehr stark ansteigen, insbesondere wenn dann auch noch die Straßen verstopft und die Luft verpestet sein sollten. Ähnlich wird auch in der Regel eine neugegründete politische Partei, die zunächst große Wahlerfolge aufzuweisen hat, früher oder später einen Sättigungsgrad

1 Futurum, München, Nr. 4/1970.

erreichen – längst bevor sie hundert oder vielleicht auch nur fünfzig Prozent aller Stimmen erzielt hat.

Schließlich sind aber auch exakte Voraussagen über die Zukunft nicht nur aus Trend-Extrapolationen herzuleiten. Es gibt wichtige Erkenntnisse, die sich als qualitative Regeln oder gar quantitative Gesetze formulieren lassen. Die Sterblichkeit der Menschen wäre ein solches qualitatives Gesetz. Wenn man aber darüber hinaus feststellt, daß der Mensch zwischen einer Minute und 112 Jahren alt wird und daß – sagen wir einmal – auch in den nächsten zehn Jahren der Mensch kaum ein Alter von mehr als 150 Jahren erreichen wird, so formulieren wir bereits ein einfaches quantitatives Gesetz auch für einen Zukunftsbereich. Solche Erkenntnisse meinte vielleicht *Lukács*, wenn er mit Recht von dem Gewicht menschlicher Erfahrungen sprach.

Frage: Ein besonders entscheidender Punkt ist die Objektivität der von den Futurologen erzielten wissenschaftlichen Ergebnisse. Der Franzose *François Le Lionnais* hat die Vermutung geäußert, daß es dem Futurologen nahezu unmöglich ist, »Überzeugungen, Meinungen und Standpunkte beiseite zu schieben, die sich in ihm durch Erziehung, soziales Milieu, Erfahrung und Lektüre gebildet haben«. Unter Hinweis auf das futurologische Schrifttum, das im Verlauf der letzten zwanzig Jahre veröffentlicht wurde, meint *Le Lionnais:* »Es gibt wohl kein einziges Werk, in dem nicht die politischen oder religiösen Ideen des Autors, seine Nationalität oder seine Zugehörigkeit zu einer Gruppe von Ländern durchschimmern, die unter derselben Herrschaftsform oder Ideologie leben.« Nach Auffassung von *Le Lionnais* verhindert gerade »eine gewisse Weltanschauung, die Dinge klar zu sehen«, wodurch die Futurologie in einem ganz besonderen Maße »Verfälschungen durch Aberglauben, Leidenschaften und persönliche Interessen« ausgesetzt ist.

Wie kann die Futurologie ihr Forschungsgebiet gegen Einflüsse dieser Art abschirmen?

Flechtheim: Der Einwand von *Le Lionnais* macht ein Dilemma nicht nur der Futurologie, sondern jeder Gesellschaftswissenschaft deutlich. Überall dort, wo der Mensch selber seine Gesellschaft und Kultur, seine eigenen menschlichen Verhaltensweisen, Institutionen und Werte analysiert und prognostiziert, kann er natürlich nie so »objektiv« sein wie der Astronom, der den Lauf der Gestirne beobachtet und vorausberechnet.
Wir wissen heute, daß sogar in den Naturwissenschaften die Gewißheit nicht so total ist, wie man früher geglaubt hat. Auch die Vergangenheit – der Forschungsgegenstand der Geschichtswissenschaft – ist oft vieldeutig und verschiedenen Interpretationen ausgesetzt. Andererseits gibt es in der Zukunft sehr sichere und objektive Sachverhalte (wie etwa den Fahrplan der Eisenbahn), daneben freilich auch einen wichtigen Bereich größerer oder geringerer Wahrscheinlichkeit, über den man aber auch verbindliche Aussagen machen kann. Wo es allerdings um unterschiedliche Zielsetzungen und gegensätzliche Werthaltungen geht, wird das subjektive Moment besonders bedeutsam. Ganz willkürlich sind aber auch die letzten ethischen Maßstäbe meist nicht.
Objektivität bedeutet für den Futurologen wie für den Sozialwissenschaftler überhaupt, daß er zunächst einmal, wenn er wertet, dies offenkundig macht. Insoweit er wertet, werden seine Maßstäbe um so angemessener sein, je mehr er sich von rein persönlichen Ressentiments und Affekten, Komplexen und Neurosen freizumachen weiß. Heutzutage hat der Fortschritt der Psychologie, insbesondere auch der Tiefenpsychologie dazu beigetragen, das Wissen des Menschen über sich selbst und um die Grenzen des Normalen und Krankhaften zu vergrößern. Innerhalb dieses Rahmens wird einerseits die Orientierung an den großen Werttraditionen der Menschheit, den ethischen Systemen der verschiedenen Kulturen und Bewegun-

gen der Geschichte die Sicht des Forschers erweitern, andererseits gerade die Beschäftigung mit den großen Neuerern und Revolutionären, den Nonkonformisten und »Freien Geistern« eine weitsichtige Werterhaltung ermöglichen. In einer gegebenen historischen Situation mag auch die Zugehörigkeit zum einen politischen Lager den Wissenschaftler mit Blindheit schlagen, während umgekehrt die Identifizierung mit einem anderen an der Wahrheit rein materiell interessierten Lager sein Blickfeld erweitert. Schließlich ist sogar in Zeiten widerstreitender Wertungen erstaunlich viel Übereinstimmung in der Ablehnung bestimmter Pseudowerte oder Unwerte festzustellen. So stimmen auch heute die entgegengesetzten Richtungen wenigstens offiziell und nach außen hin in der negativen Bewertung von Täuschung, Grausamkeit oder Mord überein.
Man kann auch daran denken, gerade auf umstrittenen Gebieten die bekannte Delphi-Methode anzuwenden und sogar weiterzuentwickeln. Somit würde man relativ viele, ganz verschiedene Standpunkte vertretende Persönlichkeiten (Christen und Atheisten, »Positivisten« und Marxisten, Konservative und Radikale, Junge und Alte, Russen, Amerikaner, Schweizer, Deutsche usw.) befragen, ihnen ihre Antworten wiederholt zur Prüfung vorlegen, sie darüber hinaus aber auch in Diskussionsforen, Arbeitsgemeinschaften und ähnlichen Gremien zur Präzisierung ihrer Auffassungen veranlassen. So mögen wir zu fruchtbaren Synthesen, zumindest aber eindeutigen Alternativen gelangen.

Frage: Nun wird den Futurologen von verschiedenen Seiten zum Vorwurf gemacht, sie sympathisierten mit der aus dem 19. Jahrhundert stammenden geschichtsphilosophischen These, »es ließe sich ein kollektives Subjekt des Gesellschaftsprozesses identifizieren, erwecken und schließlich dazu ermächtigen, in ungeteiltem, uneingeschränktem Sinne Subjekt seiner eigenen Geschichte zu werden«. So der deutsche Sozialphilosoph *Hermann Lübbe.*

Ist dieser Vorwurf, durch den die Futurologen in die Nähe der Neo-Marxisten der *Neuen Linken* gerückt werden, stichhaltig?

Flechtheim: In diesem »Vorwurf« steckt wohl ein rationaler Kern. Ich glaube nicht, daß wir in absehbarer Zeit von einem Subjekt der Geschichte im Sinne einer einheitlichen bewußten Menschheit sprechen können; dennoch vertrete ich die Auffassung, daß die ganze bisherige Geschichte auf eine Vereinheitlichung des Menschengeschlechts und auf eine Humanisierung hinausläuft.
Die Idee einer größeren Bewußtheit, einer größeren Voraussicht und Planung, die Idee, daß der Mensch selber in verstärktem Maße sein Geschick in die Hand nimmt und daß die Menschheit aus einem dumpfen Natursein, aus einem Dahinvegetieren zu einer relativ stärkeren, progressiveren Gestaltungsfähigkeit ihrer eigenen Geschichte gelangen kann — diese Idee scheint mir durchaus berechtigt zu sein. Sie läßt sich zurückverfolgen bis in die prophetischen Ansätze aller großen Religionen, bis in die philosophischen, humanistischen, liberalen, demokratischen und sozialistischen Konzeptionen.
Ich würde es als einen Rückschritt betrachen, wenn wir diese Zielsetzung aufgeben würden, wobei wir uns natürlich bewußt sein müssen, daß es sich hier um ein erstrebenswertes Ziel handelt, das aber in absehbarer Zeit wahrscheinlich nicht erreicht werden wird, dem man sich aber dennoch in gewissem Umfange nähern kann.

Frage: Sowjetische Futurologen werfen der »bürgerlichen Futurologie« des Westens unter anderem vor, sie vertrete die These, »daß der Kapitalismus nicht nur das 20. Jahrhundert überdauern, sondern sich auch ohne wesentliche Änderungen seiner Produktionsweise in die Zukunft einfügen werde«, um mit den Worten des Moskauer Gelehrten *Igor Bestuschew-Lada* zu sprechen. Was ist Ihr Standpunkt?

Flechtheim: Mein Standpunkt hierzu ist folgender: Ich bin nicht sicher — und da sehen Sie auch die Grenzen der Futurologie —, was geschehen wird. In meinem Buch *»Futurologie — Der Kampf um die Zukunft«*[2] habe ich *drei* Modelle *möglicher* Zukünfte entwickelt, und ich bin jetzt dabei, *neun* Zukunftsmodelle zu entwickeln.

Eines dieser Modelle geht davon aus, daß, wenn auch nicht auf die Dauer, so doch auf absehbare Zeit, das heißt: in den nächsten Jahren oder Jahrzehnten, das westliche System, der Kapitalismus, ebenso wie das östliche System, der Kollektivismus, Etatismus oder Staatssozialismus, mit begrenzten Veränderungen in den Grundstrukturen weiter existieren werden. Ich halte es aber auch für möglich, daß sich beide Systeme in einer außerordentlich negativen Richtung, die ich als Neo-Cäsarismus bezeichnen möchte, entwickeln werden. Dieser Neo-Cäsarismus wird gekennzeichnet durch Verfestigung bestehender Machtverhältnisse, verstärkte Bürokratisierung, Nachlassen in der technologischen Entwicklung usw. Vergessen wir nicht, daß beide Systeme ungefähr fünfzig Jahre nebeneinander existieren. In diesem Zeitraum hat sich gezeigt, daß keines von beiden eine Chance hat, das konkurrierende System einfach zu überrennen. Es ist vielmehr ein Gleichgewicht entstanden: der gegenwärtige »Sozialismus« des Ostens bietet den entwickelten Industrieländern des Westens nur wenig Attraktives, während umgekehrt das westliche Wirtschafts- und Industriesystem auch nicht so anziehend ist, daß es vom Sowjetblock oder den Chinesen übernommen werden würde.
Eine solche Situation hat es in der Geschichte schon mehrfach gegeben: eine Bewegung, die zunächst durchaus neu und zukunftsträchtig ist und einen starken Impetus hat, verliert relativ rasch ihre Dynamik, wird konservativ und erstarrt.
Hier denke ich insbesondere an die Entwicklung von Prote-

2 Ossip K. Flechtheim: Futurologie — Der Kampf um die Zukunft, Köln 1970.

stantismus und Katholizismus. Die meisten, die religiös nicht irgendwie gebunden sind, werden wohl rückblickend feststellen, daß im 16. Jahrhundert der Protestantismus in seinen verschiedenen Spielarten durchaus progressiv war. Es schien auch zunächst so, daß der Protestantismus den Katholizismus zurückdrängen, ja möglicherweise total verdrängen würde. Dann hat sich aber der Protestantismus sehr rasch – und zwar sowohl in der *lutherischen* wie auch in der *calvinistischen* Variante – zu einer Staatsreligion entwickelt: er wurde zur Ideologie der herrschenden Mächte. Dadurch verlor er viel von seiner ursprünglichen revolutionären Dynamik, er besaß nun nicht mehr die Kraft, den Katholizismus, der sich inzwischen seinerseits in mancher Beziehung modernisiert hatte, zu verdrängen. Die Folge war, daß im Zeitraum von 1550 oder 1600 bis zum heutigen Tag der Einflußbereich von Protestantismus bzw. Katholizismus fast unverändert nebeneinander bestehen blieb. Ähnlich verhält es sich wahrscheinlich auch mit der Koexistenz von Christentum und Islam.

Nun könnte ich mir sehr gut vorstellen, daß wir in den kommenden Jahrzehnten eine ähnliche Entwicklung in bezug auf Kapitalismus und Kommunismus erleben werden. In diesem Fall meine ich allerdings, daß das zu einem allgemeinen Niedergang unserer Kultur führen würde; keines der beiden Systeme wird nämlich auf die Dauer die Probleme der ganzen Welt lösen können. Im Gegenteil, die Lösung der anstehenden Probleme wird gerade durch die Koexistenz dieser Systeme, die immer konservativer werden, abgeblockt werden.

Frage: Nach Auffassung führender sowjetischer Futurologen ist die »bürgerliche Futurologie« des Westens bestrebt, »die kapitalistische Gesellschaft zu reformieren und mittels allmählicher Verstärkung der sozialistischen Elemente eine ›Konvergenz‹ herbeizuführen«. In diesem Sinne äußert sich jedenfalls der Wissenschaftler *Igor Bestuschew-Lada.* Wie beurteilen Sie das Verhältnis zwischen Futurologie und Konvergenztheorie?

Flechtheim: Es gibt eine Konvergenzmöglichkeit, die sehr ernst zu nehmen ist: wenn sich die elitären, reaktionär-konservativen Elemente im Westen und im Osten immer mehr annähern und letzten Endes miteinander verschmelzen, kommen wir zu einer Art von Manager- und Technokratengesellschaft, wobei es dann keinen so großen Unterschied macht, ob diese Manager und Technokraten wie heute im Westen vor allem aus der Sphäre der Privatwirtschaft kommen und an die Freiheit des Unternehmers glauben, oder ob sie wie im Osten in erster Linie Partei- und Staatsfunktionäre sind, die an den Kommunismus glauben. Die Manager und Technokraten von heute sind längst nicht mehr identisch mit den kleinen Konkurrenzkapitalisten des 19. Jahrhunderts – ebensowenig entsprechen die Partei- und Staatsfunktionäre dem, was sich *Marx, Engels* und in gewisser Hinsicht auch wohl *Lenin* unter echten Kommunisten vorgestellt haben.
In diesem Zusammenhang müssen wir auch berücksichtigen, daß sich die großen Industriemächte des Westens und des Ostens, also etwa die Vereinigten Staaten und die EG, die Sowjetunion und das COMECON, derart annähern mögen, daß ein gigantischer Wirtschafts- und Industrieblock entstehen würde, der – und das scheint mir ungeheuer wichtig zu sein – seinen höheren Lebensstandard gegen die Armut der *Dritten Welt* verteidigen und aufrechterhalten will.
Eine andere – positive – Konvergenzmöglichkeit stelle ich mir so vor: die dynamischen Kräfte innerhalb der beiden Systeme würden aus ihrem eigenen Ansatz, also einerseits dem liberal-demokratischen, andererseits dem marxistisch-sozialistischen, heraus zu neuem Leben erwachen und damit die Systeme selber so verändern, daß am Ende dieses Entwicklungsprozesses weder der heutige Kapitalismus noch der heutige Sozialismus das 20. Jahrhundert überdauert hätten.

Frage: Folgt man der orthodox-marxistischen Lesart, treten die sozialökonomischen Auswirkungen der wissenschaftlich-technischen Revolution in einen immer unversöhnlicheren Gegensatz zum weiteren Bestehen des Kapitalismus, so daß »die wichtigste Folge der wissenschaftlich-technischen Revolution die Herausbildung der materiellen Voraussetzungen für die sozialistische Produktionsweise ist« *(Igor Bestuschew-Lada)*. Gibt es für diese Prognose eine zwingende Begründung?

Flechtheim: Ich würde sagen, daß die wissenschaftlich-technische Revolution bereits *beide* Systeme in Frage stellt. Eine positive und humane Entwicklung unserer wissenschaftlichen und technischen Produktionsmöglichkeiten ist *weder* mit den bestehenden kapitalistischen *noch* mit den bestehenden etatistischen Produktionsverhältnissen in Einklang zu bringen; erforderlich ist ein viel größeres Maß an echter Basisdemokratie, an Flexibilität, an internationaler Zusammenarbeit.
Wie Sie sehen, lehne ich es also ab, das, was sich in der Sowjetunion oder in den anderen »sozialistischen« Ländern herausgebildet hat, als die sozialistische Produktionsweise zu bezeichnen; diese Produktionsweise entspricht auch keineswegs den Vorstellungen von *Marx* und *Engels*. Beide sind nämlich davon ausgegangen, daß die sozialistische Produktionsweise eine weltweite Angelegenheit sein würde; daß die permanente Revolution von Land zu Land überspringen und der Sozialismus das Wirtschaftssystem einer einheitlichen Welt bilden würde. Im Gegensatz dazu ist der Sozialismus heute ganz stark identifiziert mit den bestehenden staatlichen, imperialen und sonstigen partikularen Strukturen der verschiedenen Länder. So können noch nicht einmal die »sozialistischen« Staaten untereinander zu einer echten sozialistischen Arbeitsteilung kommen, wie die großen Schwierigkeiten im COMECON deutlich zeigen.

Frage: Nach wie vor betrachten die orthodox-marxistischen Futurologen den »Klassenkampf als Hauptinstrument zur

Lösung der brennendsten sozialen Probleme der Ausbeutergesellschaft« *(Igor Bestuschew-Lada)*, der sich ihrer Ansicht nach mit der weiteren Entwicklung des Kapitalismus noch verschärfen wird.
Ist es der Futurologie angesichts dieses Dogmas überhaupt möglich, die Position einer *»Dritten Kraft«* einzunehmen und eine Brücke zwischen Ost und West zu schlagen?

Flechtheim: Die Position der Futurologie ist natürlich insofern schwach, als sie sich auf keine Großmacht stützen kann. Dieses Schicksal teilen die Futurologen mit radikalen Demokraten, progressiven Sozialisten, marxistischen Revisionisten und anderen, die ja alle gewisse Vorstellungen über einen *Dritten Weg* entwickeln. Dennoch bin ich der festen Überzeugung, daß wir die Tendenz der Zukunft vertreten, bildet sich doch – wie schon zuvor im Christentum – auch jetzt wieder unter der Oberfläche der Auseinandersetzungen eine *»Dritte Kraft«:* der Humanismus. Dieser hat sich schon einmal in den vergangenen Jahrhunderten nach Abebben der konfessionellen Gegensätze etwa in der Aufklärung durchgesetzt. Obwohl dieser Humanismus keine staatliche Macht, keine organisierte Kirche hinter sich wußte, beeinflußte er die geschichtliche Entwicklung doch außergewöhnlich stark. Und so meine ich, daß jene Menschen und Gruppen, die heute nach einer Lösung der Probleme im Sinne humanistischer Konzeptionen verlangen, wohl ein nicht zu unterschätzendes Gewicht haben werden.
Das schließt freilich keineswegs aus, daß es auch einen Klassenkampf gibt. Von jedem ernsthaften Soziologen wird heute anerkannt, daß Klassenkämpfe der verschiedensten Art innerhalb der verschiedensten Gesellschaften ausgetragen werden – auch in der östlichen Gesellschaft: die Arbeiterunruhen in Polen 1970 sind ein beredtes Beispiel dafür. Übrigens finden sich in den konkreten historischen Untersuchungen von *Marx* und *Engels* sehr interessante Ausführungen gerade darüber, wie vielfältig der Klassenkampf unter Umständen sein kann.

Es kommt also mehr denn je darauf an, die Vereinfachung aufzulösen, nach der es nur einen Kampf gibt zwischen zwei Klassen – der einen, die total im Unrecht ist, und der anderen, die in allem recht hat. Vielmehr geht es um die Erkenntnis, daß es eine ganze Vielfalt von vertikalen und horizontalen Konflikten gibt, die alle ausgetragen werden müssen, und zwar gewaltfrei. In dem Umfang, wie dies geschieht, wird die Konfliktlösung zu einem Beitrag zur dynamischen Fortentwicklung unserer Gesellschaft in Richtung auf eine humanitäre Zukunft.

Frage: Sie sprachen von der Bedeutung des Humanismus in der Vergangenheit und für die zukünftige gesellschaftliche Entwicklung der Menschheit. Nun hat der französische Strukturalist *Claude Lévi-Strauss* in einem Gespräch mit dem Nachrichtenmagazin *»Der Spiegel«* folgendes erklärt: »Man sollte sich doch endlich darüber Rechenschaft ablegen, daß die absolutistisch-humanistische Haltung, die bei uns seit der Renaissance vorherrscht und die ihren Ursprung wahrscheinlich in den großen Religionen der abendländischen Welt hat, äußerst katastrophale Konsequenzen hatte. Einige Jahrhunderte Humanismus haben zu den großen Kriegen, zu Ausrottungen, Konzentrationslagern und zur Zerstörung aller Arten von Lebewesen geführt; wir haben die Natur verarmen lassen. Es ist gerade die übertriebene humanistische Haltung des Menschen, die ihn selbst bedroht: wenn er nämlich glaubt, nach Belieben über alles verfügen zu können.« Und auf die Frage, wie eine humanistische Haltung aussehen müßte, die akzeptiert zu werden verdienen würde, antwortete *Lévi-Strauss:* »Ein recht verstandener Humanismus müßte die gegenwärtige Menschheit paradoxerweise auffordern, ihren Humanismus zu mäßigen und von den großen Religionen des Fernen Ostens – zum Beispiel dem Buddhismus – zu lernen, daß der Mensch letzten Endes nur ein Lebewesen unter anderen ist, das nur

unter der Voraussetzung weiterleben kann, daß es diese anderen respektiert[3].«
Wie beurteilen Sie das Humanismusproblem?

Flechtheim: Ich wende mich gegen die vage Phrase »einige Jahrhunderte Humanismus«. Seit der Aufklärung, das heißt seit höchstens zwei Jahrhunderten, haben wir das allererste zarte Aufblühen eines Humanismus innerhalb einer winzigen Minderheit von Intellektuellen, Philanthropen usw. Die überwiegende Mehrheit der Menschen waren und sind alles andere als Humanisten – jedenfalls nicht in ihrer Werktagspraxis. Oder kann man *Karl XII.* und *Ludwig XIV.*, *Disraeli* und *Bismarck*, die *Napoleons* und *Mussolini*, *Treitschke* und *Gobineau*, *Hitler* und *Stalin*, *Nixon* und *Sato* als Humanisten kennzeichnen? Und die Massen, die sich in den Weltkriegen massakrieren und in den Bürgerkiegen zerfleischen? Daß ausgerechnet der Humanismus zu Auschwitz und Maidanek, zu Workuta und Sharpeville, zu Hiroshima und Nagasaki geführt hat, ist doch wohl nur ein schlechter Scherz! Die Gier nach Macht, Prestige und Profit, die Angst und Aggression, kurz die Verachtung des Menschen durch den Menschen sind die Ursache für Krieg und Terror, Rüstung und Zerstörung der Umwelt. Der Humanismus verlangt Respekt vor dem Leben aller Lebewesen, vor allem natürlich auch des Menschen. Es gibt da keinen prinzipiellen Unterschied in den Lehren von *Jesus* und *Buddha*, *Gandhi* und *Martin Luther King*.
Gerade dieser scheint mit seinem Konzept des gewaltfreien Widerstandes eine Synthese von tradiertem westlichen humanen Aktivismus und östlicher Opfer- und Leidensbereitschaft angedeutet zu haben. *Martin Luther King* sah ja in der gewaltfreien Massenaktion einen *Dritten Weg;* dessen Anhänger ist mit dem, »der sich in sein Schicksal ergibt, einer Meinung, daß man nicht tätlich gegen seinen Gegner vorgehen soll. Anderer-

3 Der Spiegel, Hamburg, Nr. 53/1971.

seits ist er aber auch mit dem, der für Gewalt ist, einig, daß man dem Bösen Widerstand leisten muß. Er vermeidet die Widerstandslosigkeit des ersteren und den gewaltsamen Widerstand des letzteren.«

Frage: Herr Professor *Flechtheim,* in seinem Essay über *»Ernst und Unernst der Zukunftsforschung«* wendet sich der Sozialphilosoph *Hermann Lübbe* unter anderem gegen den »Enthusiasmus des futurologischen Griffs nach der Zukunft« und erinnert daran, daß wir zu keiner Vergangenheit über unsere gesellschaftliche Zukunft weniger wußten als heute.
Das führt uns zu der Frage nach der Zukunft der Futurologie. So meint *Lübbe,* die Zukunft der Futurologie liege »allein in der Chance, pragmatisch, im technologisch beherrschbaren Detail die fällige Verlängerung unserer Handlungsketten zu besorgen«. Oder noch konkreter: »Es ist die seriöse und fortschreitend unentbehrlichere Funktion der Zukunftsforschung, nicht *en gros,* bezogen auf die utopische Totalität der Gesellschaft, vielmehr im pragmatischen Detail ablaufende Prozesse zu diagnostizieren, um die prekäre Kalkulationsbasis unserer zukunftsbezogenen Entscheidungen zu festigen.«
Würden Sie dem zustimmen?

Flechtheim: Hier werden, meine ich, offene Türen eingerannt. Was *Hermann Lübbe* erklärt, ist vorher schon von anderen wie zum Beispiel *Carl Friedrich von Weizsäcker* des öfteren betont worden. Wir leben in einer ungeheuer komplexen und dynamischen Gesellschaft, in der es natürlich schwierig ist, die Zukunft vorauszusehen, schwieriger jedenfalls als in den statischen Agrargesellschaften der Vergangenheit, wo man einfach davon ausgehen konnte, daß sich nichts Entscheidendes ändern würde, daß die Zukunft also weitgehend mit der Vergangenheit identisch sein würde.
Dieser Punkt wird jedoch von allen ernst zu nehmenden Zukunftsforschern gesehen und bedacht. Ich glaube auch, daß

man bei der ernsthaften Zukunftsforschung durchaus nicht mehr von einem Enthusiasmus sprechen kann, eher schon von einer sehr verhaltenen Stimmung, da wir wissen, daß die Zukunft uns vor ungeheure Probleme stellt: denken Sie nur an die Umweltproblematik, an die Bevölkerungsexplosion usw. Bestenfalls wird es uns bei Aufbietung aller unserer Kräfte gelingen, genug Wissen und Können zu mobilisieren, um mit diesen Problemen halbwegs fertig zu werden.

Allerdings wende ich mich dagegen, diese Bestrebungen durch die Methoden des modernen Managements zu verharmlosen. Wenn wir auch nur solche Probleme lösen wollen wie Not und Elend in der *Dritten Welt*, Stabilisierung der Bevölkerungszahl, Eliminierung des Krieges und Institutionalisierung des Friedens, Kampf gegen Ausbeutung und Unterdrückung und Demokratisierung von Staat und Gesellschaft, Beendigung des Raubbaus und Schutz der Natur und des Menschen vor sich selber, Kampf gegen Entleerung und Entfremdung, Fortentwicklung unserer gesellschaftlichen und politischen Strukturen, aber auch Schaffung eines neuen kreativen *»homo humanus«*, der mit diesen Problemen fertig wird — das sind doch durchweg Herausforderungen, die auch von relativ konservativ orientierten Zukunftsforschern erkannt und anerkannt werden —, dann haben wir es doch hier mit Schwierigkeiten von einer Größenordnung zu tun, bei deren Lösung wir von einer Gesamtschau der Gesellschaft ausgehen müssen. Das ist aber nicht — und da steckt vielleicht in den Ausführungen von *Hermann Lübbe* ein rationaler Kern — mit einem utopischen Totalitätsanspruch in dem Sinne identisch, daß wir durch die Lösung dieser Probleme zu einer harmonischen und glücklichen sogenannten klassenlosen Gesellschaft kommen, in der dann keine sozialen Probleme mehr vorhanden sind.

Frage: Ernst Bloch hat in einem Gespräch die »futurologischen Phantasmagorien« als ein *Escape*, »ein neues Fluchtmotiv«, bezeichnet, »das der Kapitalismus erfunden hat als Ersatz für den nicht mehr ganz glaubhaften Himmel. Ein Fluchtmotiv in ein neues Jenseits, um den Problemen hier auszuweichen ...« Nach *Bloch* ist Futurologie »eine bürgerliche Ersatzform für den Marxismus, dem man ausweichen will«[4].

Flechtheim: Es kann keine Rede davon sein, daß es sich bei der Futurologie um eine Art Flucht-Ideologie handelt. Im Gegenteil: von allen ernsthaften Futurologen wird betont, daß die Beschäftigung mit der Zukunft von der Gegenwart ausgehen muß; daß Gegenwart und Zukunft zusammengebracht werden müssen; daß die großen Probleme Gegenwarts- und Zukunftsprobleme sind, weshalb man auch methodisch nur schwer zwischen Gegenwart und Zukunft unterscheiden kann. So soll überhaupt erst die kurzfristige und kurzsichtige Beschäftigung mit Tagesproblemen ergänzt, gewissermaßen auf eine höhere Ebene gehoben werden, die einen Ausblick in eine weitere Zukunft gewährt.
Ernst Bloch hat ja in seinem *»Prinzip Hoffnung«* und in seinen Aufsätzen im Zusammenhang mit der Kategorie des Möglichen usw. selbst Gedanken über mögliche Zukünfte entwickelt; in diesem beschränkten Sinne können wir sogar ihn in die Reihe der Futurologen mit einbeziehen.

4 Ernst Bloch: Im Christentum steckt die Revolte. Ein Gespräch mit Adelbert Reif, Zürich 1971.

ZWEITER TEIL

Gewalt und Gegengewalt – Legitimationsprobleme der Demokratie

Ein Gespräch mit Hans-Norbert Janowski

Frage: Herr Professor *Flechtheim*, die *Außerparlamentarische Opposition* und die radikalen Studenten streben eine durchgreifende Demokratisierung, das heißt die Beteiligung möglichst vieler am Prozeß der politischen und administrativen Willensbildung in Universität, Kirche, Wirtschaft und im Staat an, sie zielen auf eine ständige Kontrolle der Herrschaft, auf den Abbau von autoritären Strukturen und Monopolstellungen und wollen zur demonstrativen Durchsetzung dieser Ziele sogenannte herrschaftsfreie Zonen und Institutionen schaffen. Halten Sie diese Ziele für legitim und für realisierbar?

Flechtheim: Im Prinzip ja. Es handelt sich hier um eine Zielsetzung, die etwas Utopisches enthält, aber im guten Sinne, da man etwas Neues zu verwirklichen sucht, das über das Gegebene hinausreicht. Es wird ja sozusagen eine Zukunft mitanvisiert. Freilich wird das in einem langsamen Prozeß zu geschehen haben. Man kann nicht alles sofort radikal verändern; es kommt darauf an, Schritt für Schritt, aber systematisch den Freiheitsbereich zu erweitern. Wir leben ja schließlich in einer ungeheuer dynamischen Welt mit technischen und anderen Möglichkeiten, wie sie in der Vergangenheit nicht bestanden haben. Wenn wir nicht zurückfallen wollen, so können wir nicht einfach stehenbleiben; wir müssen alle humandemokratischen und solidarischen Ansätze fortführen, weil sonst die Gefahr besteht, daß wir in technokratisch-bürokratische Institutionen und autoritäre Verhaltensweisen zurückfallen. Sicherlich wird sich gerade von der Seite der Organisation und Technik her ergeben, daß an gewissen Sachentscheidungen nicht alle in gleicher Weise beteiligt sein können. Ich möchte hier aber einen Unterschied machen zwischen tradierter Herrschaft und Macht einerseits und der modernen, zukunftsweisenden, funktionalen Leitung und Führung andererseits.

Frage: Die Auseinandersetzung zwischen den Gruppen der *Außerparlamentarischen Opposition* und Institutionen des Staates, der Universität und der öffentlichen Meinung ist anscheinend an einem Punkt angelangt, an dem es der *Außerparlamentarischen Opposition* kaum noch gelingt, die öffentliche Aufmerksamkeit von der Kritik an den Methoden auf ihre Ziele zu lenken. Sie ist, wie es scheint, auf dem besten Weg, sich in ein »linkes Ghetto« hineinzumanövrieren. Wie ist es nach Ihrer Meinung zu dieser Entwicklung gekommen?

Flechtheim: Es gibt so etwas wie ein allgemeines Gesetz für große soziale und politische Bewegungen, die zunächst einmal vorwärtsstürmen und Anfangserfolge aufzuweisen haben, dann aber, wenn sie nicht unmittelbar einen entscheidenden Sieg errungen haben, in wachsende Schwierigkeiten geraten, sobald sich das eigene Momentum verlangsamt und ihre Aktion eine Reaktion hervorruft. Gerade in der komplexen Situation, in der wir uns heute in der Welt und insbesondere in

Deutschland befinden, wäre es unwahrscheinlich, daß die weit gesteckten und unterschiedlichen Ziele der sogenannten APO ohne weiteres erreicht werden würden. Es wäre aber schon einiges gewonnen, wenn sich herausstellte, daß diese Bewegung, die ja zugegebenermaßen einen wichtigen Anstoß gegeben hat, dazu beigetragen hätte, daß ein Teil ihrer Vorstellungen durchgeführt würde. *Max Weber* wie *Karl Liebknecht* haben einmal gesagt, man müsse nach dem Unmöglichen streben, um auch nur das Mögliche zu erreichen. Vergessen wir aber auch nicht, welches furchtbare Erbteil die ältere Generation der jüngeren hinterlassen hat, wie wenig in den fünfziger Jahren an großen Ideen, an Idealen vorhanden war, an die die jüngere Generation hätte anknüpfen können. Schon immer war zudem in Deutschland die Tendenz zu den Extremen stark, hier ist die revolutionäre Bewegung einer scharfen Reaktion erlegen. Vielleicht hängt das mit dem Mangel an demokratischen Traditionen und gefestigten parlamentarischen Institutionen zusammen. Es fehlte stets jenes Wechselspiel, das etwa in England von vornherein die Extreme ausschließt.

Frage: In der Diskussion über die Methoden der *Außerparlamentarischen Opposition* war in der letzten Zeit die Frage der Gewaltanwendung der am meisten umstrittene Punkt. Von den Verfechtern prinzipiell gewaltfreier Aktionen wird vorgebracht, die Gewaltanwendung, auch als *ultima ratio*, führe zur Anpassung an den Gegner. Die Gegenseite verdächtigt dieses Argument als opportunistisch und behauptet, wenn die Opposition Gewalt anwendet, so könne das nur als *Antwort* auf herrschende Gewalt verstanden werden. Was ist von dieser Debatte zu halten?

Flechtheim: Ich selber würde mich grundsätzlich als Anhänger gewaltfreier Politik bezeichnen. Gerade deshalb erscheint mir aber auch der Vorwurf der Gewaltanwendung gegenüber der jungen Generation oder gegenüber den Studenten oft wenig überzeugend, wenn er von Leuten kommt, die stets Gewaltmaßnahmen von oben ohne jede Vorbehalte akzeptieren. Diejenigen, die sich in der *Hitlerschen* Vergangenheit mit dem Gewaltregime identifiziert haben, aber auch alle, die heute noch den Krieg oder zumindest die sogenannte Landesverteidigung, den Gummiknüppel des Polizisten oder den Rohrstock des Erziehers ohne weiteres akzeptieren, sollten sich nicht wundern, wenn die Jungen ihnen mit Gewalt antworten. Dabei ist die Gewalt, wie sie von der Linken in Deutschland praktiziert worden ist, so irrational sie ist, in ihrem Ausmaß kaum mit Gewaltmaßnahmen in anderen Zeiten und Ländern zu vergleichen. Ich habe vor kurzem gelesen, daß Nationalisten in der Bretagne Sprengstoffattentate vorbereiten und daß katholische Priester Sprengstoffe auch bei sich zu Hause aufbewahren! Verglichen damit sind eingeworfene Fensterscheiben, so sinnlos eine solche Aktion ist, doch noch relativ harmlos. Der APO würde ich dagegen vor allem vorwerfen, daß sie sich bisher noch nicht differenziert genug mit dem ganzen Problem der Gewalt und Gegengewalt auseinandergesetzt hat; sie hat nicht deutlich unterschieden zwischen physischer Gewaltsamkeit und sonstigen Formen der Machtausübung, des Druckes, der Einflußnahme. Derjenige, der Gewalt anwendet, bewegt sich auf derselben Ebene wie sein Gegner. Man muß nach Mitteln und Wegen suchen, diesen *circulus vitiosus* zu durchbrechen. Die Anwendung von gewaltfreien Methoden und Aktionen, die durchaus radikal sein können, verlegt die Auseinandersetzung auf eine »höhere« Ebene.

Frage: Innerhalb der *Außerparlamentarischen Opposition* gibt es eine kleine Gruppe, die an eine Art von Guerillakampf in den Städten denkt. Die zu dieser Gruppe Gehörenden meinen, es bestehe unter den Bedingungen der spätkapitalistischen Industriegesellschaft eine vorrevolutionäre Situation, die Gewalt als Mittel zur Durchsetzung von politischer Veränderung rechtfertige. Sie vertreten diese These, obwohl sie den Verlauf und den Ausgang der französischen Mairevolte, die Auseinandersetzung zwischen Staat und Opposition in den USA und Japan sowie die Reaktionen der überwiegenden Mehrheit der Bevölkerung vor Augen haben. Wie ist dieses Phänomen zu erklären?

Flechtheim: Hier dürfte so etwas wie eine romantische Faszination von veralteten Methoden ausstrahlen, die gerade bei Jugendlichen psychologisch verständlich ist. Wir leben in einer ungeheuer nüchternen, versachlichten, entfremdeten Welt, in der immer mehr indirekt operiert, gemanagt und manipuliert wird, und in der der einzelne oft das Gefühl hat, daß er sich nicht mehr als Person unmittelbar durchsetzen kann. Vielleicht liegt hier sogar eine Parallele zu dem Geist von Langemark vor, als deutsche Studenten 1914 singend in die Schlacht zogen. Von der Sache her gesehen, ist schon heute physische Gewaltsamkeit antiquiert und unrealistisch – und inhuman. Gewaltanwendung in modernen Großstädten würde, wenn sie wirkungsvoll sein sollte, wohl einen solchen Umfang annehmen müssen, daß sie zu ungeheuren Opfern an Gut und Blut führen würde. Schließlich heißt ja heute Gewalt nicht mehr Kampf Mann gegen Mann, sondern Einsatz moderner Massenvernichtungsmittel. Wahrscheinlich wird sie aus diesem Grund mit Recht von der großen Masse der Bevölkerung, die diese Gefahren spürt, abgelehnt.

Frage: In welchem Sinn bezeichnen Sie die Faszination durch Gewaltmethoden als romantisch?

Flechtheim: Romantisch ist etwa eine Flucht in eine unwiederbringliche Vergangenheit – auch in die des 19. Jahrhunderts. Damals konnte einer der großen Sozialistenführer, *Ferdinand Lassalle,* der in einem Duell fiel, erklären, ein Volk dürfe nur kapitulieren, wenn die Männer tot auf dem Schlachtfeld lägen und nur noch Frauen und Kinder übrig seien. Eine romantische Haltung ist heute wohl auch der Ausdruck von Schwäche, Angst, Unsicherheit. Sie überspielt jene viel schwierigere Lage, in der wir uns befinden und die Geduld, allerdings revolutionäre Geduld, verlangt.

Frage: Diejenigen, welche zwar von einem Konzept des Guerillakampfes strikt abrücken, Gewaltanwendung aber als letztes Mittel in Kauf nehmen, verweisen auf den symbolischen Charakter ihrer Gewaltausübung und haben bisher zwischen Gewalt gegen Personen und Gewalt gegen Sachen unterschieden. Kann man das aber tun; führt die Anwendung von Gewalt gegen Sachen nicht auch zur Gewaltanwendung gegenüber Personen?

Flechtheim: Im Prinzip kann man vielleicht eine solche Unterscheidung treffen, sie müßte aber sehr kalkuliert sein und von vornherein ausschließen, daß bei der Gewaltanwendung gegen Sachen Personen in Gefahr kommen. Das ist ein Haupteinwand gegen bestimmte Sabotageakte. Andererseits kann eine klug durchgeplante Symbolhandlung sinnvoll sein, etwa wenn man ein Wappen oder eine Fahne niederreißt oder wenn man ein anstößiges Denkmal umstürzt. Hier liegt ein wahrscheinlich unvermeidliches Dilemma vor. Jeder, der provoziert, muß damit rechnen, daß er starke Gegenreaktionen hervorruft. Man wird aber wahrscheinlich nicht darum herumkommen, gelegentlich den Gegner in dieser Weise vor den Kopf zu stoßen, da man sich sonst das Gesetz des Handelns zu sehr von der anderen Seite vorschreiben lassen würde. Es kommt hier aber auf die Dosierung an: eine solche Aktion muß ein untergeordnetes Element in einem viel breiteren Prozeß der Aufklärung und der Kommunikation auch mit der Gegenseite bleiben. Zudem muß derjenige, der Gewalt anwendet, die volle Beweislast dafür tragen, daß diese Gewaltausübung absolut notwendig ist. Er muß die volle Verantwortung für die Gewaltanwendung übernehmen und vorher alle Maßnahmen offenlegen. Er darf nicht andere für sich handeln lassen, sondern muß sich dem vollen Risiko der Situation aussetzen. Nur unter diesen Voraussetzungen kann ich konzedieren, daß in verzweifelten Situationen Gewaltanwendung ausnahmsweise das kleinere Übel darstellt.

Frage: Viele verwirrt es, daß in den Debatten der oppositionellen Gruppen über die Legitimität der Gewalt eine Frage ausgeklammert wird: Muß man bei politischen Aktionen nicht an der Legalität eine unbedingte Grenze respektieren, wenn man die parlamentarische Demokratie zwar verändern, nicht aber zerstören will?

Flechtheim: Das Problem der Legalität ist ein sehr ernstes. Viele Gesetze und Verordnungen stehen aber mehr oder weniger auf dem Papier oder werden bereits heute als veraltet betrachtet. Wenn die Übertretung aller Verkehrs-, Sexual-, Steuerdelikte etc. bestraft würde, säße ein großer Teil der Bevölkerung hinter Schloß und Riegel! Um so provozierender ist es, wenn man dann ein – womöglich veraltetes! – Gesetz einseitig nur gegen den politischen Gegner anwendet. Unser Strafgesetzbuch stammt aus den fünfziger Jahren des vorigen Jahrhunderts, aus der Zeit der finstersten preußischen Reaktion. Viele seiner Vorschriften widersprechen dem Geist des Grundgesetzes. Deswegen möchte ich betonen, daß man alle Gesetze immer auch an den Grundsätzen unserer demokratischen Verfassung messen sollte, daß es vor allem auf die Realisierung von deren Grundprinzipien – Achtung vor den Grundrechten, Würde der Persönlichkeit, Meinungsfreiheit usw. – ankommt. Schließlich hinkt in einer so dynamischen Zeit wie der unseren jede Rechtsordnung hinter der tatsächlichen Entwicklung hinterher. Man wird daher die Verletzung von Vorschriften, die selber vielleicht schon so antiquiert sind, daß sie morgen außer Kraft treten werden, nicht so negativ werten wie den Vorstoß gegen »zeitlosere« Grundrechte.

Frage: Direkte Aktionen des Protestes, etwa gegen die Verabschiedung der Notstandsgesetze, werden von Minderheiten unternommen. Ist eine Minderheit aber nicht zur Wirkungslosigkeit verurteilt, wenn sie die Kontrahenten nicht zwingen kann, ihre Argumente zur Kenntnis zu nehmen und darauf zu reagieren, wenn sie also nicht »Macht von unten« — wie *Martin Luther King* es formulierte — ausüben kann?

Flechtheim: Es geht nicht nur um das Verhältnis von Mehrheit und Minderheit. Häufig ist die große Mehrheit zunächst indifferent. Der Kampf spielt sich zwischen zwei Minderheiten ab. Es ist schon viel gewonnen, wenn sich dabei eine Minderheit einer anderen Minderheit gegenüber durchsetzt. Letzten Endes wird man freilich in einer Demokratie zumindest eine stillschweigende Zustimmung der Mehrheit zu finden haben. Es kann der Minderheit bei politisch klugem Vorgehen gelingen, Bundesgenossen zu finden und die Gegensätze innerhalb der Mehrheit, die sich immer wieder auftun, auch für sich auszunutzen. So mag ein Einbruch in die kompakte Mehrheit zu erzielen sein.

Frage: Warum schließen Sie Gewalt als Mittel der politischen Auseinandersetzung aus? Sind pragmatische Gründe wie der, daß nur so eine Minderheit politisch erfolgreich sein kann, oder sind ethische Grundsatzentscheidungen oder religiöse Gründe für eine solche Entscheidung ausschlaggebend?

Flechtheim: Sicherlich sind ethische Überlegungen wichtig: physische Gewaltsamkeit, Tötung oder Verletzung von Menschen, Zufügung von Schaden und Leid sind inhuman. Es kommt aber auch die Überlegung hinzu, daß eine oppositionelle Minderheit in der Regel gar nicht über ausreichende physische Machtmittel verfügt. Sie wird eher selber zum Opfer der überlegenen Gewalt des Gegners werden. Die Linke hat — ich würde sagen glücklicherweise! — meist Gewalt nur mit

schlechtem Gewissen angewandt. Anders hat sich die äußerste Rechte voll zur Gewalt bekannt; hier würde man die Gewalt viel skrupelloser und wirkungsvoller anwenden.
Schließlich bin ich aber auch davon beeindruckt, wie wirksam die verschiedensten Methoden und Mittel gewaltfreier Aktion gewesen sind. Ich erinnere an eine ganze Anzahl von Beispielen aus der Geschichte sehr verschiedener Systeme: an den Kampf der Neger und Bürgerrechtler mit *Martin Luther King* in den USA, an *Gandhis* Politik in Indien, aber auch an große Streiks und Aktionen der passiven Resistenz in Europa, an den erfolgreichen gewaltfreien Widerstand gegen *Quisling* und die Nationalsozialisten in Norwegen und jetzt als letztes und vielleicht großartigstes Beispiel an den gewaltfreien Widerstand der zahlenmäßig so unterlegenen Tschechoslowaken gegen eine Weltmacht. Bei einem sorgfältigen Studium all dieser Fälle werden wir sehen, daß gewaltfreie Aktionen erfolgreicher sind, als viele von uns es sich vorstellen können, und daß auch die Verluste an Gut und Blut, aber auch an Humanität erheblich geringer sind als bei Gewaltaktionen. Die Gewalt hat sich auch historisch verändert. Wir haben es heute nicht mehr mit dem Degen oder mit dem Gewehr zu tun, sondern mit Massenvernichtungsmitteln von ungeheurer Reichweite. Auch eine Auseinandersetzung, die vielleicht zunächst mit konventionellen Gewaltmitteln ausgetragen wird, kann sich heute sehr rasch in eine Auseinandersetzung verwandeln, in der die letzten Gewaltmittel eingesetzt werden. Betroffen von solchen Gewaltaktionen sind dann vor allen Dingen die unschuldigen Dritten, die Zivilbevölkerung, die Kinder, die Alten.

Frage: Sie haben unter den Beispielen *Martin Luther King* erwähnt. Sein Bekenntnis zur Gewaltlosigkeit hatte offenbar religiöse Gründe.

Flechtheim: »Widerstehe nicht dem Übel« oder »Liebe deinen Nächsten« sind ja Gebote, die zur Tradition der großen Religionen gehören. Solche Verhaltensweisen und Grundeinstellungen können auch auf die sozialen und politischen Auseinandersetzungen übertragen werden. Das bedeutet keineswegs einfache Anpassung oder Unterwerfung, sondern ein ethisches Handeln, das den Gegner durch das ethische Opfer des gewaltlosen Widerstandes mit beeinflußt, ja in gewisser Beziehung moralisch zwingt.

Frage: Wie kann gewaltfreier Zwang ausgeübt werden? Kann man wesentliche Merkmale für die Strategie der gewaltfreien Aktion nennen, charakteristische Merkmale etwa für ihr Verständnis des politisch-sozialen Konfliktes und für ihr Verständnis des Gegners?

Flechtheim: Im Englischen unterscheidet man deutlich zwischen *force* und *violence*. *Violence* ist verletzende Gewaltsamkeit, rohe physische Gewalt. *Force* bezeichnet nicht verletzende Machtausübung, nicht verletzenden Zwang. Hierunter fallen verschiedene Methoden des Protestes wie Demonstrationen, Streiks, Boykott, Steuerverweigerung, Hungerstreik, ziviler Ungehorsam usw., während unmittelbare physische Gewaltanwendung gegen Personen, aber auch extremer psychischer Terror als *violence* gelten würde. Der Kämpfer, der gewaltfreie Methoden anwendet, ist also nicht bereit, die Gewalt einfach mit Gegengewalt zu beantworten. Er setzt sich eher selber der vollen Gewalt des Gegners aus, da er darauf vertraut, menschliche Regungen bei ihm zu wecken, aber da er vor allem auch an die Kraft der öffentlichen Meinung, die Aufrüttelung von Dritten glaubt. Gewaltfreie Aktionen versprechen daher vor allem dort Erfolg, wo eine radikale Gruppe mit demokratischen Traditionen geschlossen einem mächtigen Angreifer gegenübertritt wie in der Tschechoslowakei. Die Aussichten sind auch dort gut, wo in einer innenpolitischen Auseinandersetzung ein Mindestmaß an Konsens, etwa über die Spielregeln, besteht und wo die öffentliche Meinung, das heißt heute aber auch die Weltmeinung, Gewicht hat. Wir haben es hier also mit einem echten Konflikt um wichtige Positionen oder doch Privilegien, um Ideen zu tun – es besteht keine totale Feindschaft im Sinne von *Carl Schmitt*, die zur »Endlösung«, zur Liquidierung des Gegners als Person führen soll. Bei einer »gewaltlosen Revolution« im Sinne von *Laski*, dem Theoretiker der englischen Reform nach 1945, bei einer Politik systemüberwindender Strukturreformen, einer »permanenten Reform« oder radikalen Demokratisierung der Gesellschaft können wir es uns heute anders als früher leisten, auch dem Gegner gegenüber großzügig zu sein, da wir über genug Ressourcen für alle verfügen.

Frage: Wenn man ein politisches System verändern will, muß man damit rechnen, daß auf weite Strecken hin Ziel und Weg, Mittel und Zweck identisch sind. Wie läßt sich, so fragen viele, ein langer Weg der gewaltfreien Aktionen mit häufig wechselnden und notwendig vielen Personen durchhalten, anders gefragt: wie läßt er sich vor Gewaltausbrüchen bewahren?

Flechtheim: Sie haben recht, Mittel und Zweck hängen dialektisch eng miteinander zusammen. Zwar kann auch ein guter Zweck nicht immer nur mit den idealsten Mitteln durchgesetzt werden; besonders gemeine oder häßliche Mittel stellen aber auch den besten Zweck in Frage. Der lange Weg der gewaltfreien Aktionen setzt in der Praxis eine differenzierte und subtile Strategie und Taktik voraus, die auf einem hohen Maß an politischer Einsicht und Selbstdisziplin beruhen. Organisation und Aufklärung werden dazu beitragen müssen, die Gefahr von Gewaltausbrüchen möglichst gering zu halten.

Frage: Gibt es nicht einen Punkt, an dem die gewaltfreie Aktion notwendig eine Gewaltaktion provoziert und damit die Wechselwirkung von Gewalt und Gegengewalt auslöst?

Flechtheim: Natürlich kann das vorkommen. Auf Provokationen sollte man aber nicht hereinfallen. Es gibt jedoch auch Beispiele von gewaltfreien Aktionen, bei denen der Gegner nicht bis zum äußersten gegangen ist. Das gilt sowohl für die Reaktion der Engländer auf *Gandhi* in Indien als sogar auch für die von *Quisling* und der Nazis auf den gewaltfreien Widerstand in Norwegen.

Frage: Rudi Dutschke sprach einmal von einem »langen Marsch durch die Institutionen«, von notwendigen »Lernprozessen« für die Beteiligten auf beiden Seiten, von gegenseitiger Aufklärung. Wie läßt sich eine solche Aufklärung durchführen und durchhalten angesichts des Trends einiger Gruppen in der *Außerparlamentarischen Opposition,* einem blinden Aktionismus, der Aktion um ihrer selbst willen zu verfallen?

Flechtheim: Vergessen wir nicht, daß der Aktionismus auf der Linken vor allem eine Reaktion auf das Versagen der traditionalistisch-konservativen Kräfte ist, die Reformen immer wieder hinausschieben und so jede Glaubwürdigkeit verlieren. Es kommt darauf an, die wirklich Reformfreudigen aus den verschiedenen Lagern zusammenzubringen, damit sie durch eine Politik der »dynamischen Vermittlung nach links« Reformen durchführen, bevor es zu Verzweiflungsausbrüchen auf der äußersten Linken kommt. Wir müssen hier gegen den Strom schwimmen, aber das ist vielleicht die einzige Chance, die wir haben.

Frage: Die Verweigerung des Kriegsdienstes mit der Waffe war wahrscheinlich eine der ersten grundsätzlichen Äußerungen einer Haltung, die wir heute als zivilen Ungehorsam bezeichnen; ihr Bekenntnis zu strikter Gewaltlosigkeit hat sich auf Gewissensgründe berufen. Heute ist die Kriegsdienstverweigerung aus Gewissensgründen in der Bundesrepublik rechtlich anerkannt. Gleichzeitig aber hat sich die Lage stark differenziert: ziviler Ungehorsam ist nicht mehr nur ein persönlicher Akt einzelner, sondern ein Verhalten von politischen Gruppen geworden. Genügt da eine Berufung auf das Gewissen oder müßten hier auch politisch-ethische Gesichtspunkte berücksichtigt werden, um ein Recht auf gewaltfreien Widerstand zu begründen?

Flechtheim: Der einzelne wird nach wie vor das Recht haben müssen, sein Verhalten religiös oder ethisch zu rechtfertigen. Er wird aber auch die politischen Konsequenzen seines Tuns mit einzukalkulieren haben. Der einzelne oder die Gruppe werden als Minderheit versuchen, neue Zielsetzungen zu proklamieren, selbst auf die Gefahr hin, daß sie nicht ohne weiteres die Mehrheit hierfür gewinnen. Eine Minderheit, die heute systematisch Kriegsdienstverweigerung propagiert, macht damit die Problematik der modernen Verteidigungspolitik deutlich. Die Kriegsdienstverweigerung kann so zu einem Anreiz werden, mehr als bisher nach neuen Methoden gewaltloser Konfliktlösung zu suchen, nach neuen Wegen der Abrüstung und nach Möglichkeiten, das Gleichgewicht des Schreckens durch Stärkung internationaler Organisationen wie der UNO zu ersetzen.

Frage: Andererseits: Theologie und Kirche haben ebenso wie die Staatsphilosophie bisher die Gewaltausübung seitens des Staates und seiner Organe zum Schutz der Bürger und der Gesetze gerechtfertigt, eine Gewaltanwendung von seiten kritischer Minderheiten aber verurteilt. In letzter Zeit scheinen sich hier aber neue Entwicklungen anzubahnen, wenn auch auf staatlicher Seite Überlegungen über eine andersartige Ausbildung der Polizei und über die Verhältnismäßigkeit der Mittel bei der Abwehr von Provokationen angestellt werden, wenn eine Reform des Strafgesetzes und eine Neuformulierung gewisser Grundbegriffe des Demonstrationsrechtes erwogen werden. Könnte der Staat nicht zu einer Deeskalation der Gewalt beitragen, wenn der Einsatz von Gewaltmaßnahmen durch die Polizei bei politischen Konflikten überhaupt einer Prüfung unterzogen würde?

Flechtheim: Wir leben ja immer noch in einer Ordnung, in der zwar unser Grundgesetz demokratisch ist, aber die meisten Institutionen vordemokratisch-autoritär. Vergleichen Sie einmal Gerichtsurteile, die gegen prügelnde Polizisten oder Lehrer ergehen, mit Gerichtsurteilen gegen Demonstranten, die vielleicht eine Fensterscheibe eingeworfen haben. Wenn der Obere Gewalt gegen den Unteren anwendet, so wird das entweder gerechtfertigt oder sehr milde verurteilt. Jede »Aufsässigkeit« des Unteren gegen den Oberen wird dagegen als Angriff auf die Majestät des Souverän geahndet. Wir wissen heute genug über die Charakterstruktur der Menschen, über ihre Sozialpsychologie, um einzusehen, daß Gewaltsamkeit auch seitens des Staates ein schlechtes Mittel ist, um Probleme und Konflikte zu lösen. In der modernen Pädagogik und Psychologie setzt man an die Stelle überlieferter Gewaltmaßnahmen moderne Mittel der Beeinflussung, der Zusammenarbeit, der funktionalen Führung. Der Staat und die Politik sind aber in vieler Beziehung hinter der kulturellen Entwicklung zurückgeblieben. Der moderne Staat war allzulange Macht-, ja Militärstaat. Daher hat man stets unterstellt, daß der Inhaber eines staatlichen Amtes bei der geringsten Gefährdung zu Gewaltmaßnahmen berechtigt ist. Allerdings finden sich begrüßenswerterweise Ansätze zu einer Umwandlung des Machtstaates in einen Kulturstaat. Warum bekämpfen aber so viele jede Reform in dieser Richtung zunächst einmal bis aufs letzte, um sich dann erst auf diese Reformen zu berufen, nachdem diese gegen ihren Widerstand durchgeführt worden sind?

Frage: Manche Politiker sind versucht, durch Strafmaßnahmen gegenüber rebellierenden Studenten wieder Ruhe und

Ordnung zu schaffen. Wie schätzen Sie die Lage ein? Welches Verhalten würden Sie unseren Politikern empfehlen?

Flechtheim: Ich muß da an eine historische Parallele denken. Vor 150 Jahren, im Jahre 1819, ergingen die Karlsbader Beschlüsse gegen die damals aufsässigen »demagogischen« Studenten. Diese Beschlüsse sollten nach dem Willen von *Metternich* die aristokratisch-feudale Ordnung aufrechterhalten. Diese Ordnung ist aber schon nach wenigen Jahrzehnten in den großen Revolutionen weggefegt worden. Es kommt heute noch weniger als im 19. Jahrhundert darauf an, eine statische Ordnung mittels Strafen zu stabilisieren. Es kommt vor allem darauf an, die großen Probleme der siebziger und achtziger Jahre deutlich zu sehen und für sie neuartige dynamische Lösungen zu finden. Die goldenen fünfziger Jahre haben zwar materiellen Reichtum gebracht, hierzu aber kaum etwas beigetragen. Das sollte vor allem eine Herausforderung für die jüngeren Politiker sein. In der Kybernetik spricht man von lernfeindlichen Systemen. Ich kann mich des Eindrucks nicht erwehren, daß unsere Politik immer noch ein sehr wenig lernfreundliches System darstellt. Der Anfang eines neuen Lernprozesses wäre die Erkenntnis, daß wir bisher zuwenig gelernt haben, daß wir nun aber bereit sind zu lernen — auch von der jungen Generation, die manches Neue sieht, das wir Älteren noch nicht in den Griff bekommen haben. Es geht jetzt darum, die Tabus in der Innen- und Außenpolitik abzubauen. Es geht um eine Reform unserer Bildung und Justiz, um eine Reform der Wirtschaft wie des Staates. Es geht darum, die kritische Anteilnahme des Bürgers am politischen Leben nicht zu entmutigen, sondern zu ermutigen. Es geht darum, noch so unbequemen Minderheiten zuzuhören und ihre Vorschläge zu überprüfen.

Demokratisierung durch Annäherung

Ein Gespräch mit Eberhard Rottmann

Frage: Herr Professor *Flechtheim*, die Lehrmeister der unruhigen Generation und Wortführer der Kritik an unserem Staats- und Gesellschaftssystem geraten zunehmend selbst in das Schußfeld der Rebellen. Frißt also die Revolution ihre Väter, *Abendroth, Marcuse, Bloch, Habermas* und *Flechtheim?*

Flechtheim: Ich glaube nicht, daß die Revolution ihre Väter frißt. Das hängt ja auch davon ab, ob wir uns so einfach fressen lassen. Ich meine, daß mein Freund *Abendroth* und ich durchaus das Gefühl haben, auch gegenüber den Rebellen unseren Mann stehen zu können. Wir würden auch nie daran denken, zu unserem Schutze die Polizei zu holen. Vergessen wir doch nicht, daß unsere Generation für die junge mitverantwortlich ist — und nicht umgekehrt. Das ist einer der Gründe dafür, daß wir, wie *Helmut Gollwitzer* einmal so schön gesagt hat, mit unermüdlicher Geduld als Ältere die Studenten sowohl als Lernende wie auch als Partner zu behandeln haben. Wenn wir manchmal die Geduld verlieren, so müssen wir uns immer

wieder fragen, ob wir nicht die Ungeduld der Jungen mitzuverantworten haben.
Ich habe es da natürlich leichter als manche meiner Kollegen, nicht nur wegen meiner andersartigen Erfahrungen, sondern auch, weil ich noch sozusagen ein proletarischer Professor im Stile von vor 50 Jahren bin. Ich habe keinerlei Institut, ich verfüge über keinerlei Mittel. Das wirkt sich nun heute insofern positiv aus, als ich mich jederzeit in meine Studierstube zurückziehen kann und nicht darauf angewiesen bin, den Studenten Lehrveranstaltungen oder Prüfungen aufzuzwingen. Ich habe ihnen immer wieder erklärt, daß sie mich sehr bitten müssen, wenn sie wünschen, daß ich ihnen Vorlesungen oder Seminare anbiete. Das Ergebnis: einstimmig wurde beschlossen, daß ich meine Vorlesungen abhalten sollte.
Aber selbst wenn wir gefressen werden würden, so wäre das vielleicht auch nicht so tragisch. Alles, was entsteht, ist wert, daß es zugrunde geht, hat ja schon der alte *Goethe* gewußt. Wenn die junge Generation über uns Alte hinweggeht, so ist das in mancher Beziehung ihr gutes Recht. Wir können nur hoffen, daß sie einiges von dem, was wir getan und gelernt haben, im *Hegelschen* Sinne »aufheben« wird.

Frage: Adorno hat es so formuliert: Ich habe ein Denkmodell geliefert, und sie haben einen Molotow-Cocktail daraus gemacht. Ging und geht es wirklich nur um wissenschaftliche Modelle oder haben nicht auch Intellektuelle den Ehrgeiz, ihre Gedankengebäude gebaut zu sehen?

Flechtheim: Natürlich geht es nicht nur um wissenschaftliche Modelle. Ein echter Intellektueller möchte sicher erleben, daß seine Theorien auch in die Praxis umgesetzt werden. Geht es in den Geisteswissenschaften zum Teil um die Vergangenheit oder um unveränderliche ewige Daten, so haben sich die Sozialwissenschaften mehr und mehr mit der dynamischen Gesellschaft, d. h. mit Vergangenheit und Zukunft, auseinanderzusetzen. Jede Analyse der Zukunft ist daher stets im Begriff, aus der reinen Betrachtung in die Praxis umzuschlagen. Jede Aussage über das, was sein soll, ist natürlich eminent praktisch. Aber auch eine Aussage über das, was voraussichtlich sein wird, kann sehr wohl die Zukunft mit beeinflussen. So wird prognostisches Wissen unversehens zu Praxis. Vielleicht hatte *Marx* das schon im Auge, als er einmal erklärte, die Philosophen hätten die Welt nur verschieden interpretiert, es käme aber darauf an, sie zu verändern.

Frage: Fühlen Sie sich in der Rolle des Zauberlehrlings, der die Geister, die er gerufen hat, nicht mehr los wird? Sind demnach die aufsässigen linken Professoren an allem schuld, die außerdem noch alles dadurch verschlimmern, daß sie nun selbst verunsichert sind und nicht mehr wissen, wie sie sich gegen ihre eigenen Schüler helfen sollen?

Flechtheim: Ich glaube nicht, daß das Gleichnis vom Zauberlehrling besonders glücklich ist. Ich persönlich bin gar nicht so überrascht darüber, daß die Dinge endlich in Bewegung geraten sind und daß nun auf die Zeit der Windstille ein größerer Sturm folgt. Das kann man auch dialektisch sehen. Die Geister, die man ruft, werden in der Regel etwas anders aussehen, als man sie sich zunächst vorstellt. Gerade damit muß ein Sozialwissenschaftler immer rechnen. Schließlich haben wir doch wohl die Geschichte nicht umsonst studiert, und diese zeigt uns immer wieder, wie oft man das Unmögliche verlangt und gewollt hat, um auch nur das Mögliche zu erreichen. Ich persönlich fühle mich daher keineswegs verunsichert. Wie ich schon sagte, habe ich mir bisher sehr gut »gegen« meine eigenen Schüler zu helfen gewußt. Ich muß auch sagen, daß diese mir gegenüber bisher in der Regel fair gewesen sind, wenn wir auch oft hitzig aneinandergeraten sind.

Frage: Handelt es sich Ihrer Meinung nach bei den jüngsten Aktionen der Zerstörung und blinder Provokation um »Kinderkrankheiten« oder um einen Fehlschluß, wenn nicht sogar schon Fehlansatz der Revolte?

Flechtheim: Zunächst sollte man die Proportionen nicht vergessen. Es ist nur typisch für Deutschland, daß jeder bei uns sofort ein furchtbares Wehgeschrei anstimmt, wenn einmal eine Fensterscheibe zerschlagen wird oder wenn sich einmal ein Demonstrant gegen einen Polizisten zur Wehr setzt. Daß der Polizist fast gewohnheitsmäßig Demonstranten niederknüppelt, gilt bei uns fast für ebenso selbstverständlich wie der Umstand, daß Kinder von Eltern und Lehrern immer wieder schwer mißhandelt werden, ohne daß die Gerichte oder die öffentliche Meinung hieran besonderen Anstoß nehmen.
Die Aktionen, die in letzter Zeit zum Teil etwas gewalttätig waren, sind meines Erachtens nichts anderes als Kinderkrankheiten. Sie sind psychologisch durchaus verständlich, allerdings politisch unklug und schädlich. Es handelt sich um eine gewisse ultralinke Einstellung, die wir uns gerade in Deutschland nicht leisten können, da hier die Reaktion sozusagen nur darauf lauert, um zur brutalen Gegenaktion zu schreiten und die ganze Bewegung von rechts her aufzurollen. Das haben wir Älteren ja alles gegen Ende der *Weimarer Republik* erlebt.

Frage: Sie selbst sprechen von einem *»Dritten Weg«* zwischen revolutionärer Gewalt und der satten Ruhe und Gleichgültigkeit des Bürgers. Sie fordern Augenmaß und revolutionäre Geduld. Sehen Sie darin eine wirkliche Chance zur Änderung der gegenwärtigen gesellschaftlichen Bedingungen unserer Existenz?

Flechtheim: Ich bin mir der Problematik jedes *Dritten Weges* durchaus bewußt. Jeder, der nach zwei Seiten hin kämpft, ist immer in Gefahr, aufgerieben zu werden. Historisch gesehen geht aber doch oft einiges von dem, was er vertreten hat, in die Positionen der anderen ein. Augenmaß und revolutionäre Ge-

duld von jungen Leuten zu fordern, geht vielleicht über das Menschenmögliche hinaus. Dennoch müssen wir es immer wieder tun, gerade diejenigen, die links stehen.
Ich weiß nicht, ob eine solche Politik erfolgreich sein wird. Das kann nur die Zukunft zeigen. Eine Chance sehe ich in ihr allerdings. Unsere Machthaber sind letzten Endes unsicher. Sie spüren selber, daß sie in vielem unrecht haben und daß die Zeit für Reformen überreif ist. Sie sind sich auch untereinander keineswegs so einig, wie das manche auf der äußersten Linken glauben. Zudem arbeitet die technisch-wissenschaftliche Revolution in vielem doch zugunsten einer Demokratisierung. Schließlich gibt es internationale Entwicklungen, die uns positiv stimmen können. Ich denke dabei daran, daß, welthistorisch gesehen, zwei monolithische Blöcke, der römische Katholizismus und der moskowitische Kommunismus, inzwischen in Bewegung geraten sind.

Frage: Was vor allem fordert Ihre Kritik an diesem System heraus? Sind Ihre Vorstellungen mit den Worten Humanisierung und Demokratisierung des Apparates zu umschreiben oder zielen sie auf mehr? Etwa die Abschaffung jeder Herrschaft, damit jedweder Repression und Manipulation?

Flechtheim: Ich kritisiere dieses System zunächst einmal, weil es so ungeheuer doppelbödig und unwahrhaftig ist. Man proklamiert immer wieder, daß man an Frieden und Freiheit, an Demokratie und Reform glaube, und sträubt sich doch mit Händen und Füßen gegen jeden Schritt in dieser Richtung. Hat man schon vergessen, daß vor noch nicht allzu langer Zeit die Parole lautete: Keine Experimente! Heute ist das System in manchem unvorstellbar überaltert. Es ist nicht imstande, die wichtigen sogenannten Gemeinschaftsaufgaben zu lösen. Man kommt von einer vollkommen illusionären Rüstungspolitik nicht los. Man fürchtet Reformen im Betrieb und in den Schulen. Humanisierung und Demokratisierung nicht nur des »Apparates«, sondern aller wesentlichen Institutionen und Beziehungen wäre schon ungeheuer viel. Konsequente Demokratie wäre identisch mit der einen oder anderen Form von Sozialismus und Internationalismus. Es ist längst an der Zeit, daß die gröbsten Formen physischer Repression und psychischer Manipulation abgeschafft werden. Auch die anderen Formen der Herrschaft können zumindest weitgehend abgebaut werden. An die Stelle der Macht des Geldes und der Organisation kann und muß die rationale Leitung und Führung jener treten, die echte Funktionsträger sind. Natürlich kann nicht jeder über Nacht an allen Entscheidungen teilnehmen – es wäre aber schon viel gewonnen, wenn die wichtigsten Entscheidungen transparent gemacht würden, wenn sie zu klaren Alternativen ausformuliert und dem Bürger zur prinzipiellen Entscheidung vorgelegt würden. Zudem müßten die Bürger viel mehr Möglichkeiten haben, die Machtträger zu kontrollieren. Dazu gehört natürlich, daß wir die kritische Anteilnahme aller, gerade auch der Jugend, nicht entmutigen, sondern ermutigen.

Frage: Um zum Kern zu kommen: ist es nicht so, daß die Polarität Voraussetzung unserer Erkenntnis wie der Geschichte ist, daß ein dialektischer Prozeß die Historie vorantreibt, der Mensch aber die Einheit im Getrenntsein sucht, die Überwindung der Gegensätze, die eine Wahrheit, kurzum die heile Welt und deshalb immer wieder scheitert?

Flechtheim: Sie haben vollkommen recht, wenn Sie von der Polarität und dem dialektischen Prozeß der Geschichte sprechen. Ich glaube nur mit dem alten *Hegel* und vielen anderen, daß ein Unterschied zwischen der These und der Antithese besteht. Die Antithese ist das wirklich Fruchtbare, dasjenige, was die Verhältnisse vorantreibt. Für Ruhe und Ordnung brauchen wir nicht zu sorgen. Die Natur ist aus sich selber heraus konservativ. Das Bestehende hat immer die größere

Chance, sich zu erhalten, freilich auch bis zu dem Punkt, wo es zu einer Katastrophe kommt. Dagegen müssen alle diejenigen, die die Entwicklung vorantreiben wollen, die wissen, daß die bestehenden Verhältnisse verbessert und reformiert werden müssen, immer wieder gegen die Tradition und die träge Masse ankämpfen. Es kommt also daher darauf an, die Antithese oder, politisch gesprochen, die Opposition und die Linke zu stärken. Aus dem Kampf der Linken mit der Rechten mag dann als Kompromiß und Synthese eine mittlere Lösung herauskommen. Wie aber *Walter Dirks* mit Recht betont hat, wäre es kaum von Nutzen, von vornherein immer auf eine mittlere Lösung hinzusteuern. Unsere Aufgabe ist die dynamische Vermittlung von links her.

Frage: Ist der Mensch nicht eigentlich Verdammter dieser Erde oder, wie *Camus* es mit seinem absurden Heroismus charakterisierte, ein von den Göttern verlachter *Sisyphus*? Hilft ihm da *Hegels* Vokabel der Liebe, *Blochs* Prinzip der Hoffnung oder *Flechtheims* Mittelweg?

Flechtheim: In gewissem Sinne ist der Mensch ein unglückliches und verdammtes Wesen. Es wäre naiv zu glauben, daß wir über Nacht in ein Paradies gelangen könnten. Andererseits ist der Glaube, daß sich alles immer wiederholt, daß es nichts Neues unter der Sonne gibt, daß jede Anstrengung sinnlos ist, noch weniger akzeptabel. Der Mensch ist nur deshalb und insofern Mensch, als er immer wieder gegen das Unglück, das Unbehagen, das Unzugängliche ankämpft. Er erreicht vielleicht nie all das, was er sich dabei vorstellt. Sein Kampf ist aber auch nicht vergeblich. Schließlich sind wir ja nicht Neandertaler geblieben, sondern haben ein Stück Weges hinter uns gebracht, gegen den Widerstand der Konservativen und Traditionalisten. Man muß stets beides sehen: sowohl die Entwicklung, die Dynamik, den Fortschritt, wie aber auch den Preis, den wir immer wieder dafür zahlen müssen. Es geht also nicht um eine hundertprozentige Lösung, es geht aber auch nicht darum, daß immer nur 50:50 herauskommt. Es geht darum, daß wir die Chance haben, etwa 60 Prozent Positives gegenüber 40 Prozent Negativem durchzusetzen. Das setzt allerdings entschiedenes und kluges Handeln voraus.

Frage: Zwei Lösungen mit vielen Varianten sind im Laufe der Menschheitsgeschichte angeboten worden: der Individualismus als Garant der Freiheit jedes einzelnen oder der Kollektivismus als Schutz vor Ausbeutung. Ungleichheit und Knechtschaft. Alle diese Versuche sind mehr oder weniger mißlungen, sie haben nicht verhindert, was sie verhindern wollten. Liegt das nicht daran, daß Über- und Unterordnungen gar nicht auszuschalten sind und damit dann auch Manipulationen, Abirrungen, Perversionen? Stellt somit die Revolte von heute und damit jede Revolte nicht ein Scheingefecht dar, wenn sie auch Motor der Geschichte ist?

Flechtheim: Ich glaube keineswegs, daß alle Versuche, die Freiheitssphäre des Menschen zu erweitern und zugleich die Ungleichheit zu verringern, mißlungen sind. Wir haben heute unvorstellbar mehr Freiheiten als etwa die Sklaven in einer Sklavengesellschaft oder die Leibeigenen im Mittelalter oder sogar auch die Proletarier im Frühkapitalismus. Zugleich haben wir auch einige Schritte in der Richtung auf ein größeres Maß an Gleichheit und Brüderlichkeit getan.
Natürlich sind alle diese Erfolge bedroht. Denn Über- und Unterordnungen können sehr verschiedener Natur sein. Die Herrschaft eines Sklavenhalters über seinen Sklaven, die eines absoluten Herrschers über seine Untertanen unterscheiden sich von den Abhängigkeitsverhältnissen in einer relativ demokratischen Gesellschaft von einfachen Warenproduzenten oder auch in einer modernen fortgeschrittenen Industriegesellschaft. Natürlich treten neue Manipulationen an die Stelle von alten – sie sind aber möglicherweise doch harmloser und weniger

unmenschlich. Jede Reform und jede echte Revolution bedeuten daher einen wenn auch noch so kleinen Schritt voran auf dem steinigen Wege der Geschichte.

Frage: Könnte Utopia eine Wohnstatt für die heimatlose Linke sein, da offenbar diese Welt nicht die ihre ist, oder kommt es nur darauf an, in *sokratischem* Ansatz zu wissen, daß man nichts weiß, oder mit *Descartes* an allem zu zweifeln, obgleich das nicht die Frage löst, wie man sich auf die Dauer derer erwehren kann, die es zu wissen meinen und keinen Zweifel mehr dulden?

Flechtheim: Ich habe stets zwischen Utopie und Ideologie unterschieden im Anschluß an *Karl Mannheim. Karl Mannheim* sieht in der Ideologie die Verabsolutierung und Verherrlichung des *Status quo* beziehungsweise einer Gegenwart, die ganz vergangenheitsbestimmt ist. Die Utopie ist für ihn hingegen das Verlangen nach einer besseren und vollkommeneren Welt, nach einer Zukunft, die sich grundlegend von der Vergangenheit unterscheidet. Das Problematische an der Utopie ist nun, daß sie zu unkritisch die Zukunft verherrlicht. Ich habe daher von Futurologie gesprochen, um die Begriffe Ideologie und Utopie nach vorne zu vermitteln. Die Ideologie wird negiert. Die Utopie wird dagegen positiv und kritisch aufgehoben. So entsteht das Bild einer Zukunft, die ungesichert ist, dennoch aber voller Möglichkeiten und Aufgaben bleibt. Der *sokratische* Zweifel geht in eine solche Philosophie ein, aber nicht so, daß er alles Wissen zunichte macht, sondern so, daß er uns anspornt, die Grenzen des Wissens immer weiter zu stecken.

Frage: Zurück zu den praktischen Gefilden der Politik. Wie beurteilen Sie, Professor an der Freien Universität in Berlin und engagierter Bürger, der seine eigenen bitteren Erfahrungen mit dem Staat und den Staatsgewalten gemacht hat und in dieser Stadt eine doppelte Konfrontation erlebt: die mit der rebellischen Jugend und der politischen Unwirklichkeit des Staates Bundesrepublik bezüglich dieses Deutschlands und seiner Umwelt – wie schätzen Sie die Aussichten für einen Brückenschlag zwischen Ost und West, für die Versöhnung zwischen Sozialismus und Demokratie ein?

Flechtheim: Ich habe bereits angedeutet, warum ich für eine Synthese von Sozialismus und Demokratie, für einen Brückenschlag zwischen Ost und West kämpfe. Wäre es ein absolut aussichtsloser Kampf, so würde ich ihn wohl nicht fortsetzen. Andererseits bin ich mir der Risiken durchaus bewußt. Die Aussichten hängen natürlich auch von uns selber ab. Jeder von uns könnte und sollte etwas mehr tun, als wir bisher getan haben, und die Welt würde morgen besser aussehen. Dabei kommt es nicht nur auf das Individuum an, sondern auch auf die objektiven Entwicklungstendenzen. Wie schon angedeutet, gibt es hier sowohl reaktionär-restaurative wie aber auch dynamisch-fortschrittliche Möglichkeiten. Ich habe mich seit nunmehr über vierzig Jahren intensiv mit dem Kommunismus beschäftigt. Ich bin erfreut, daß hier in den letzten Jahren eine Wandlung eingesetzt hat. Der Stalinismus in seinen furchtbarsten Erscheinungsformen gehört der Vergangenheit an. Selbst die neo-stalinistische Reaktion in der Sowjetunion wird niemals all das ungeschehen machen, was sich seit dem Tode *Stalins* entwickelt hat. Die Sowjetunion ist heute ein moderner Industriestaat, und manches spricht dafür, daß die libertären und demokratischen Kräfte hier in den nächsten Jahren an Einfluß gewinnen werden. Noch positiver sehe ich die Chancen in Osteuropa. Hier ist alles im Fluß, Rumänien, Ungarn, Jugoslawien, vor allem aber die Tschechoslowakei lassen uns bereits ahnen, wie sich aus dem totalitären Kommunismus ein demokratischer Sozialismus entwickeln mag.
Aber auch im Westen ist einiges in Bewegung geraten. Die Kommunistische Partei Italiens ist heute ebenso wie die einer

Reihe von anderen Ländern bereits im wesentlichen eine demokratisch-sozialistische Partei. Es ist durchaus denkbar, daß sie ihr Gewicht bald so in die Waagschale wird werfen können, daß Italien einen großen Schritt vorwärts machen wird. Auch in Ländern wie Spanien oder Portugal wird die reaktionäre Diktatur nicht ewig währen. Große Hoffnungen setze ich ferner auf die skandinavischen Länder. Ich halte es für wahrscheinlich, daß hier in einigen Jahren eine verjüngte Sozialdemokratische Partei an die Regierung kommen und eine ganze Reihe von wesentlichen Strukturreformen durchführen wird. Es sollte mich nicht wundern, wenn in zehn oder zwanzig Jahren Länder wie Norwegen, Schweden oder Dänemark oder vielleicht auch Holland bereits den entscheidenden Schritt vom Sozialkapitalismus zu einem noch unvollkommenen Sozialismus zurückgelegt haben würden.
Natürlich ist die Entwicklung in Deutschland anders einzuschätzen. Aber auch hier können die Dinge rasch in Fluß geraten, wenn es uns etwa gelingen sollte, die verfehlte Deutschlandpolitik entscheidend zu modifizieren. Die Normalisierung der Beziehungen zwischen den beiden deutschen Staaten wäre ein schwerer Schlag für die reaktionären Kräfte hier wie für die Dogmatiker drüben. Ein friedlicher Wettbewerb der beiden Deutschland würde vieles in Bewegung bringen. Die Chancen für eine Liberalisierung und Individualisierung drüben, aber auch für eine radikale Demokratisierung hüben würden sehr zunehmen.

Frage: Was kann konkret dazu getan werden?

Flechtheim: Es gibt meines Erachtens kein Patentrezept, und es gibt nicht eine einzige Organisationsform oder eine einzige Methode, die unfehlbar zum Ziel führen würde. Wir befinden uns in einer Zeit des Umbruchs und müssen gerade auch in der Politik experimentieren. Mit diesen Vorbehalten würde ich vorschlagen, daß alle fortschrittlichen, jüngeren Kräfte ihre

Anstrengungen innerhalb der bestehenden Parteien, vor allem innerhalb der FDP und der SPD, verstärken, um diese Parteien zumindest daran zu hindern, reaktionäre Maßnahmen durchzuführen. Die fortschrittlichen Kräfte in den Parteien müßten aufs engste zusammenarbeiten mit der sogenannten *Außerparlamentarischen Opposition.* Die *Außerparlamentarische Opposition* müßte ihre Strategie und Taktik immer wieder neu durchdenken und den Erfordernissen der Zukunft anpassen. Sie ist zum Teil bereits dabei, neue gewaltfreie Methoden und neue herrschaftsfreie Institutionen zu entwickeln. Sie war nur bisher zu stark fixiert auf die Kommandohöhen der Politik und Wirtschaft.
Mir scheint, daß wir zusehends imstande sein werden, Strukturformen etwa im Bildungswesen, in der Justiz, aber auch in der Familie und Ehe, in der Erziehung und in den persönlichen Lebensbeziehungen durchzuführen. Diese werden das Bild unserer Gesellschaft weitgehend positiv verändern. Ich möchte hier von einer Art »Umgebungsstrategie« sprechen, die zu einer Isolierung der besonders zähflüssigen Machtkerne in der Politik und Wirtschaft führen könnte. Wenn sich aber die Gesellschaft im übrigen weitgehend modernisiert und demokratisiert hat, so werden diese Bastionen dann im letzten Ansturm auch wohl nicht widerstehen können. Das setzt natürlich vor allem auch eine positive internationale Entwicklung voraus, vor allem eine Politik der Abrüstung und der friedlichen Konfliktlösung und die Verstärkung unserer Anstrengungen, die Hungerkatastrophen in der *Dritten Welt* zu verhindern oder mindestens zu verringern.

Parteiendemokratie in der Krise

Ein Gespräch mit Adelbert Reif

Frage: Herr Professor *Flechtheim*, seit geraumer Zeit ist das Parteiensystem, wie es sich heute in der Bundesrepublik präsentiert, ins Schußfeld kritischer Auseinandersetzung über seine Legitimität geraten. In einer kürzlich veröffentlichten Studie stellt *Rolf Ebbinghausen* fest, daß die gegenwärtige Krise des Parteiensystems sich in dem Maße eingestellt hat, wie »die modernen Massenparteien von Motoren der Demokratisierung ... zu staatlichen Agenturen des bestehenden spätkapitalistischen Systems erstarrt schienen«.[1] Sie selbst haben sich ebenfalls eingehend mit Geschichte und Struktur der politischen Parteien in der Bundesrepublik beschäftigt[2].
Wie beurteilen Sie das Problem der Krise, in welcher sich unsere Parteien angeblich heute befinden?

Flechtheim: Parteien sind von Anfang an kritisiert worden. Die Kritik kam früher eher von der politischen Rechten, die

1 Jürgen Dittberner und Rolf Ebbinghausen (Hrsg.): Parteiensystem in der Legitimationskrise. Studien und Materialien zur Soziologie der Parteien in der Bundesrepublik Deutschland, Opladen 1973.

2 Ossip K. Flechtheim: Die politischen Parteien der Bundesrepublik Deutschland, Hamburg 1973.

keine Parteien nötig hatte, weil ihr genügend andere Institutionen und Machtpositionen zur Verfügung standen. Bekanntlich sind die ersten Parteien als linke liberale Parteien entstanden, und die rechten Kritiker warfen ihnen vor: Zersplitterung, Faktionalismus, Egoismus, Gefährdung des Gemeinwohls, Untergrabung der Staatsautorität usw.

Inzwischen hat sich das Bild geändert. Die Kritik an den Parteien kommt heute mehr von den Linken, die nun ihrerseits den Parteien vorwerfen, sie hätten sich zu sehr institutionalisiert und bürokratisiert; ihre Kritik richtet sich auch vor allem gegen die Linksparteien, die großen Arbeiterparteien sozialdemokratischer oder auch kommunistischer Provenienz, denen vorgeworfen wird, sie seien verbürgerlicht und hätten sich in die bestehende Gesellschaftsordnung integriert.

Darüber hinaus gibt es eine vielleicht in manchem tiefergehende Kritik, die das Parteienwesen im Zusammenhang mit der augenblicklichen Staats- und Gesellschaftsordnung kritisiert. Ich selber würde mich dieser Kritik insofern anschließen, als ich der Auffassung bin, daß auch jene Parteien, die sich darum bemühen, einigermaßen mit der Zeit zu gehen, im Grunde noch immer ausgesprochen nationalstaatlich orientiert sind. Fast alle Parteien – das wird heute als Selbstverständlichkeit hingenommen, ist aber Teil des Problems – operieren und funktionieren innerhalb eines gegebenen staatlichen Rahmens, also innerhalb der Territorialstaaten (seien es Klein- oder Mittelstaaten oder sogar Großmächte), und kommen kaum über diesen nationalen Rahmen hinaus. Die Versuche, in den verschiedenen Internationalen zu übernationalen Zusammenschlüssen zu gelangen, haben, wie Sie wissen, nicht sehr weit geführt.

Nun scheint mir eines der großen Probleme unserer Zeit darin zu bestehen, daß der überlieferte Nationalstaat nicht mehr in der Lage ist, den Anforderungen der modernen Weltgesellschaft gerecht zu werden. Das deuten schon unter anderem die sehr bescheidenen Versuche an, über die nationalen Grenzen

hinauszugelangen, etwa mittels universaler und globaler Institutionen wie der *Vereinten Nationen* oder der regionalen Organisationen wie der *Europäischen Gemeinschaft.* Bedauerlicherweise sind diese Ansätze bisher fast immer nur auf diplomatischer und Regierungsebene wirksam geworden; die Parteien haben hierbei kaum eine Rolle gespielt, wenn man einmal von dem Plan absieht, wenigstens die sozialistisch-demokratischen Parteien Westeuropas zu einer europäischen Gruppierung zusammenzuschließen, woraus allerdings auch nicht viel geworden ist. Der entscheidende Punkt ist also: das Zurückbleiben der nationalstaatlichen Parteien hinter den kontinentalen und globalen Erfordernissen von heute und morgen.
Die andere Seite der Kritik richtet sich gegen die schon erwähnten negativen Erscheinungen im Parteiengefüge, wie sie fast überall festzustellen sind: Bürokratisierung, Verharschung, Saturierung, Fixierung, Institutionalisierung usw. Viele der heutigen großen Parteien, vor allem auch auf der Linken, waren ja ursprünglich Teil einer großen Sozial- oder Massenbewegung. Diese Bewegungen sind in den Industrieländern schwächer geworden oder ganz versickert; aus ihnen sind nun die sogenannten Volksparteien hervorgegangen; sie haben sich im Laufe der Zeit zu großen Organisationen, ja man kann fast sagen Institutionen entwickelt, die Herrschaftsfunktionen ausüben: sie sind *quasi* Staats- oder Verfassungsorgane wie aber auch Dienstleistungsorganisationen.
Diese Erscheinungen sind keineswegs auf den sogenannten Spätkapitalismus des Westens beschränkt, sie treten mindestens ebensosehr im Osten auf. Es gibt kaum etwas Konservativeres als etwa die Kommunistische Partei der Sowjetunion. Dabei müssen wir immer bedenken, daß die größeren Parteien auf der Linken als Teile einer Bewegung entstanden sind, der es auf die Veränderung der Verhältnisse, auf sozialen Fortschritt, auf Liberalisierung, Demokratisierung usw., auf gesellschaftliche Reformen oder sogar auf Revolution ankam (wir sehen hier von den in England sehr früh entstandenen

Honoratioren- und Cliquenparteien ab). Inzwischen haben diese Parteien einen erheblichen Teil ihrer ursprünglichen politischen Zielvorstellungen verwirklicht. Die Staaten sind zu Verfassungsstaaten, zu demokratischen Staaten, ja zu Parteienstaaten geworden, in deren Gefüge sich die Parteien integriert haben: diese sind an der Regierungsarbeit beteiligt, sie durchdringen die Verwaltung, die Justiz und weite Bereiche des öffentlichen Lebens; sie entsenden ihre Vertreter in die Rundfunkräte, in die Sozialversicherungsorgane usw.
Diese Institutionalisierung der Parteien dürfte wohl unvermeidlich gewesen sein, in dem Maße, wie sie aus kleineren vorwärtsweisenden Gruppen zu großen Massenorganisationen geworden sind und sich damit an die durchschnittlichen Massenstimmungen und -haltungen angepaßt haben. Und die sind in der Regel – heute vielleicht sogar mehr noch als früher – sehr stark konservativ geprägt.

Frage: Die erwähnte Untersuchung[3] hat – übrigens in Übereinstimmung mit amerikanischen Forschungen – den Nachweis erbracht, daß die Parteien sich zu *middle-class institutions* entwickelt haben. Ihre Mitglieder haben im Schnitt eine höhere Berufsposition inne als die breite Masse der Bevölkerung. Führt diese Sozialisation ihrer Mitglieder nicht zwangsläufig zu einer »Verbürgerlichung« der Parteien und damit auch zu konservativen Verhaltensmustern?

Flechtheim: Gehen wir aus von der sicherlich sehr fragwürdigen These von der nivellierten Mittelstandsgesellschaft. Obwohl diese These nicht richtig ist, enthält sie doch einen wahren Kern. Wir haben nach wie vor sehr erhebliche Differenzierungen und Klassenunterschiede, doch hat sich das Lebensniveau der großen Mehrheit der Bevölkerung, auch das der Arbeiter,

3 Jürgen Dittberner und Rolf Ebbinghausen (Hrsg.): Parteiensystem in der Legitimationskrise. Studien und Materialien zur Soziologie der Parteien in der Bundesrepublik Deutschland, Opladen 1973.

in den hochindustrialisierten Ländern im Vergleich zur Zeit noch vor dem *Zweiten Weltkrieg* wesentlich verbessert. Das hat paradoxerweise dazu geführt, daß nicht nur die Parteiapparate, sondern auch die meisten linken Parteimitglieder, besonders die älteren, nicht mehr so revolutionär gesinnt sind, wie sie es früher einmal waren.
Zudem spiegelt sich auch die soziale Differenzierung in den Parteien selber wider. Diejenigen, die mehr Besitz und Bildung haben, die »abkömmlicher« sind, da sie etwa als Rechtsanwälte oder Beamte eher und mehr Urlaub nehmen können als der Arbeiter in einem Industriebetrieb, sind stärker in den politischen Gremien vertreten; sie bestimmen auch die Politik der Parteien in stärkerem Maße als die breite Masse der einfachen Bürger. Auffällig ist heute, daß zu dieser politisch führenden Schicht ein größerer Teil der jüngeren Intellektuellen hinzukommt. Die Jusos z. B. bestehen bis in ihre Führung hinein gar nicht so sehr aus einfachen Arbeitern, sondern aus qualifizierteren Angestellten, Lehrern, Studenten und Intellektuellen.

Frage: Die zitierte Untersuchung[4] hat auch ermittelt, daß für 45 Prozent aller Parteimitglieder die politischen Probleme so undurchschaubar sind, daß sie nach eigenen Angaben »überhaupt nicht verstehen, was da wirklich vor sich geht«. Und nur ein knappes Drittel der Parteimitglieder wünscht ein programmatisches Verhalten der Parteien.

Flechtheim: Das ist ein sehr wichtiger Gesichtspunkt. Man kann sagen, daß bis 1914 die Politik relativ einfach erschien. Ob sie es immer war, ist eine andere Frage. Oberflächlich betrachtet gab es aber ziemlich eindeutige nationale Probleme und Gegensätze. Es gab vor allem aber auch einfache soziale

4 Jürgen Dittberner und Rolf Ebbinghausen (Hrsg.): Parteiensystem in der Legitimationskrise. Studien und Materialien zur Soziologie der Parteien in der Bundesrepublik Deutschland, Opladen 1973.

Klassengegensätze, eine »durchsichtige« Industrie und kapitalistische Gesellschaft, in der der Gegensatz zwischen Kapital und Arbeit, zwischen den Ober-, Mittel- und Unterschichten relativ transparent war. Das hat sich inzwischen gewandelt. Unsere Gesellschaft ist komplexer, weiträumiger, dynamischer geworden. Wir haben heute zwar auf der einen Seite weniger Mittelständler im klassischen Sinne, wir haben jedoch innerhalb der wachsenden, sogenannten lohnabhängigen Bevölkerung eine weitreichende Differenzierung. Außerdem stehen wir alle vor Problemen ganz neuer Art: Es geht nicht mehr ausschließlich um Arbeitszeit oder Lohn, sondern es stehen Umweltfragen im Vordergrund; der Gegensatz Kapitalist — Arbeiter ist nicht mehr allein entscheidend, vielmehr stehen zur Diskussion die verschiedenen Benachteiligungen des Konsumenten, des Schülers oder Studenten, des Lehrers, des Patienten im Krankenhaus, des Bürgers im Verkehr usw. Disproportionen also, die zum Teil von Bürgerinitiativen oder Ein-Punkt-Bewegungen aufgegriffen werden. Bedenken wir nun noch die internationale Dimension, die Tatsache also, daß die großen Probleme von heute und morgen keine nationalen Probleme mehr sind, sondern eher kontinentale oder globale, so können Sie sich vorstellen, wie schwer es heute für eine Partei sein muß, all das auf einen Nenner zu bringen, es programmatisch und politisch zu erfassen und ihren Mitgliedern oder Wählern zu vermitteln.

Frage: Herr Professor *Flechtheim*, das Ergebnis der Wahlen zum Deutschen Bundestag vom November 1972, der überragende Sieg der sozial-liberalen Regierungskoalition von SPD und FDP, scheint anzudeuten, daß konservative bis reaktionäre politische Konzeptionen, wie sie teilweise in der CDU/CSU vertreten werden, in weiten Kreisen der Öffentlichkeit keine Basis mehr haben. Kann man deshalb schon von einer grundlegenden Veränderung des politischen Bewußtseins der deutschen Wähler sprechen?

Flechtheim: Ich würde zögern, diese Frage mit einem einfachen Ja oder Nein zu beantworten. Denn das »politische Bewußtsein«, von dem Sie sprechen, ist etwas sehr Komplexes. Einerseits besteht es aus gewissen parteipolitischen Präferenzen, andererseits spielen psychologische Motive mit hinein.

So gibt es sicher Wähler, die ihre Stimme immer der SPD gegeben haben. Damit ist jedoch keineswegs gesagt, daß sie in ihrer persönlichen Haltung, in ihrer Einstellung sozialistisch-demokratische oder auch nur sozial-demokratische Überzeugungen an den Tag legen. Es ist leicht nachweisbar, daß so mancher SPD-Wähler, der sich in einer ganzen Reihe politischer, ökonomischer und sozialer Fragen als »guter Sozialdemokrat« fühlt, gelegentlich durchaus autoritär denkt und handelt, etwa in seiner Beziehung zu seiner Frau, zu seinen Kindern oder zu seinen Untergebenen. Es kann sogar geschehen, daß ein solcher SPD-Wähler, aufgeschreckt durch Berichte der Massenmedien, zum Beispiel der *»Bildzeitung«*, zur Frage der Todesstrafe oder der Strafrechtsreform eine der offiziellen SPD-Politik ganz entgegengesetzte Position einnimmt, wenn er etwa gelesen hat, daß irgendwo, vielleicht in seiner unmittelbaren Nachbarschaft, ein grausames Verbrechen geschehen ist.

Natürlich ist es auch umgekehrt so, daß nicht jeder, der einmal CDU oder FDP gewählt hat, schon deswegen in seiner Grundhaltung als reaktionär oder konservativ einzustufen ist. Es lassen sich bei solchen Wählern gelegentlich auch fortschrittliche und liberale Haltungen ausmachen, hier und da sogar in stärkerem Maße als bei manchen Wählern der SPD.

Man kann jedenfalls nicht einfach eine parteipolitische Verschiebung gleichsetzen mit einer grundlegenden Veränderung des politischen Bewußtseins breiter Wählerschichten. Als Hypothese würde ich unterstellen, daß Bewußtseinsveränderungen wahrscheinlich in spezifischen Schichten oder Gruppen anläßlich bestimmter politischer, ökonomischer oder sozialer Fragen festzustellen sind. Wenn sich beispielsweise bei der

Bundestagswahl von 1972 sehr viele Wähler für eine Verständigung mit dem Osten, für soziale Reformen usw. durch ihre Stimmabgabe zugunsten von SPD oder FDP ausgesprochen haben, so heißt das noch nicht, daß sie nun in allen politischen, ökonomischen oder sozialen Fragen den jeweiligen Regierungsstandpunkt für immer teilen. Ein hoher Prozentsatz auch der SPD/FDP-Wähler kann wieder in autoritäre Haltungen zurückfallen. Ich meine, daß man diese Möglichkeit nicht übersehen sollte.

Frage: Welchen Stellenwert nimmt Ihrer Ansicht nach der Generationswandel in der Bundesrepublik im Prozeß der allgemeinen politischen Bewußtseinsveränderung ein?

Flechtheim: Aufgrund von Meinungsumfragen läßt sich sagen, daß heute ganz anders als in den fünfziger oder auch sechziger Jahren eine deutlichere Differenzierung zwischen den verschiedenen Generationen festzustellen ist. Sehr anschaulich wird das durch das Wahlergebnis von Schleswig-Holstein dokumentiert, wo nach einer Meinungsumfrage die SPD bis zu 70 Prozent der Stimmen der Jungwähler erhielt. Und das sind natürlich jene Wähler, die in bezug auf die Ostpolitik, auf innere Reformen, auf die Probleme der *Dritten Welt* wesentlich aufgeschlossener sind als die meisten Altwähler.
Gewisse politische Bewußtseinsveränderungen sind neben der jungen Generation vor allem auch bei den Frauen zu verzeichnen. In der Vergangenheit waren die Frauen bekanntlich viel stärker konservativ geprägt als die Männer. Hier haben die emanzipatorischen Einflüsse ebenfalls einen Wandel geschaffen.
Schließlich spielt die Verstädterung von immer mehr Menschen und Schichten eine nicht unwesentliche Rolle bei der politischen Bewußtseinsveränderung. Dieser Trend bewirkt ein Nachlassen konservativer politischer Haltungen, die aus engen konfessionellen Bindungen in ländlicher Umgebung ent-

standen waren. Die Einbrüche, die SPD und FDP bei der Bundestagswahl von 1972 erstmalig in katholischen Wählerschichten erzielen konnten, geben zudem einen deutlichen Hinweis auf den Säkularisierungsprozeß, der wohl noch rascher fortschreiten wird. Folglich nehmen schon heute zahlreiche katholische Wähler eine andere Haltung gegenüber Fragen wie Ehescheidung, Abtreibung oder Homosexualität ein als noch vor zehn oder sogar fünf Jahren.

Frage: Der jetzt erzielte politische Bewußtseinsgrad der Menschen in der Bundesrepublik muß ja nun in irgendeiner Weise für die Zukunft gesichert werden ...

Flechtheim: Das ist sicher eines der wichtigsten und zugleich schwierigsten Probleme. Im Prinzip geht es hier um zweierlei: einmal um die Herausbildung demokratischer Institutionen, zum andern um die Heranbildung demokratischer Menschen. Wenn ich an das, was ich vorhin sagte, anknüpfen darf, so sind wir doch alle durch die Vergangenheit geprägt: das heißt, wir sind alle mehr oder weniger in autoritären und konservativen Zwängen befangen. Der demokratische Mensch, soweit er überhaupt schon existiert, ist ein Erzeugnis der letzten Jahrhunderte. Er entstand wohl erst mit der Aufklärung des 18. Jahrhunderts und entwickelte sich dann mit dem wissenschaftlich-technischen Fortschritt im 19. und im 20. Jahrhundert weiter.
Diesem positiven Trend: nämlich der Anpassung des Menschen an die moderne dynamische Gesellschaft, an Wissenschaft und Technik, steht nun aber entgegen, daß gerade dieser demokratische Mensch auf immer neue Schwierigkeiten und Problemstellungen trifft. Die Anforderungen, denen er gerecht werden muß, sind viel größer und schwieriger als diejenigen, die seine Vorfahren kannten. Und aus dieser Komplexität, diesem raschen Wandel erwachsen natürlich auch neue Ängste, neue Unsicherheiten, neue Vereinsamungen, die

nun wieder zu Regressionen führen, also zum Rückgriff auf alte, vertraute, autoritär-konservative Haltungen.
Nun denken wir bei dem Wort Demokratie immer an ein Recht, das wir uns erkämpft haben und das wir uns immer wieder neu erkämpfen müssen. Das ist aber nur die eine Seite. Demokratie ist auch eine Pflicht, eine außerordentlich schwere Verpflichtung, die uns mehr abverlangt als nur alle vier Jahre ein paar Minuten zum Ausfüllen des Wahlzettels aufzuwenden. Demokratie – ernst genommen – heißt ja ständiges Dabeisein, um sich zu informieren, mit anderen zu diskutieren, in Parteien, Gewerkschaften oder kirchlichen Verbänden, in Selbstverwaltungskörpern oder Interessenvertretungen mitzuarbeiten. Das alles erfordert große persönliche Opfer an Zeit, an Kraft, an Anstrengungen der verschiedensten Art, die der moderne Mensch, vor die Alternative zwischen politisch-gesellschaftlicher Mitbestimmung und dem vielfältigen Angebot von Zerstreuung und Vergnügen gestellt, oft wenig bereit ist, aufzubringen.
Trotzdem verbreiten sich die demokratischen Willensbildungsprozesse weiter, greifen sie mehr und mehr über auf Einrichtungen, die in der Vergangenheit fast durchweg autoritär strukturiert waren: auf Unternehmen und Betriebe, Schulen und Hochschulen, Krankenhäuser und Gefängnisse, Behörden und Ämter – bis hin zur Polizei und Armee, also alles Institutionen, in denen die Menschen gewohnt waren, als Untergebene oder Untertanen Befehle »von oben« zu empfangen und auszuführen. Hier sind überall ganz konkrete Ansätze zur Mitbestimmung, zur Mitwirkung festzustellen – und dieser Trend dürfte weitergehen. Selbstverständlich ist auch hier zu fragen, in welchem Maße die Beteiligten von den gebotenen Möglichkeiten Gebrauch machen werden. Was nutzt das beste System der Mitbestimmung, wenn diejenigen, die sie praktisch ausüben sollen, sich nicht informieren, wenn sie die entsprechenden Veranstaltungen nicht besuchen und sich nicht an den Debatten und Entschließungen aktiv beteiligen?

Frage: Es gibt doch aber in der Bundesrepublik eine ganze Reihe organisierter Bürgerinitiativen, die auf den verschiedensten Gebieten tätig sind: so auf dem Gebiet des Wohnungswesens, des Schulwesens, des Landschaftsschutzes usw. Werden diese Bürgerinitiativen die politischen und gesellschaftlichen Entscheidungen in unserem Lande zukünftig verstärkt beeinflussen?

Flechtheim: Das dürfte in der Tat der Fall sein. Diese Bürgerinitiativen oder Ein-Punkt-Bewegungen sind ja in den Vereinigten Staaten schon seit langem vorhanden; sie machten dort eigentlich den Kern der amerikanischen Demokratie aus. Gerade weil die Parteien in den USA nicht in unserem Sinne demokratisch strukturiert waren und sind, haben sich die Bürger zu einer Unzahl von Organisationen, Gruppen, Initiativen zusammengeschlossen, um eben ein bestimmtes wichtiges Ziel, also »einen Punkt«, durchzusetzen, sei es nun die Abschaffung der Todesstrafe, die Reform eines Krankenhauses oder die Verbesserung der Schulen. Mit anderen Worten: solche Ein-Punkt-Bewegungen waren Initiativen, die ein bürgerliches oder staatsbürgerliches Ziel — beschränkt auf eine Straße, einen Bezirk, eine Gemeinde oder eine Stadt — erreichen wollten und dabei erhebliche Erfolge erringen konnten. Diese Ein-Punkt-Bewegungen sind inzwischen auch nach Europa, nach Deutschland übergesprungen, wo es um ähnliche Ziele geht: Demokratisierung der Schulen, Durchsetzung des Nulltarifs bei öffentlichen Verkehrsmitteln, Herabsetzung überhöhter Mietpreise und vieles andere mehr. Um es noch einmal zu sagen: diese Bürgerinitiativen sollten in der Zukunft mehr und mehr an politischer Bedeutung gewinnen und darüber hinaus als eine Art dynamischer Triebkraft zur Demokratisierung und Verjüngung von größeren Organisationen wie Parteien, Gewerkschaften, Kirchen usw. beitragen.

Frage: Herr Professor *Flechtheim,* sollten sich vielleicht die Gewerkschaften in der Bundesrepublik mehr als eine »große

Bürgerinitiative« verstehen, das heißt: sollten sie sich auch auf der »unteren Ebene« stärker als bisher engagieren?

Flechtheim: Es wird für die Gewerkschaften selbstzerstörerisch sein, wenn sie sich traditionsgemäß nur für die Lohn- und Gehaltsinteressen der Arbeitnehmer einsetzen und bestenfalls eine Verbesserung der Arbeitsbedingungen oder eine Verkürzung der Arbeitszeit erreichen. Wir sehen ja, daß diese Ziele, kaum erreicht, durch inflationäre Tendenzen, durch höhere Preise usw. zuschanden werden, obwohl es Unsinn ist, von einer Lohn-Preis-Spirale zu sprechen statt von einer Preis-Lohn-Spirale.

Wenn die Gewerkschaften bei ihren traditionellen Zielsetzungen bleiben, müssen sie in Kauf nehmen, daß die sozialen Fortschritte, die von ihnen zunächst einmal erreicht wurden, immer geringer werden, da ein nicht unbeträchtlicher Teil des Lohnzuwachses nur mehr die Form einer Kompensation für die Geldentwertung und Preiserhöhung annimmt. Infolgedessen müssen sich die Gewerkschaften überlegen, wie sie selber entscheidend dazu beitragen können, diese Spirale zu korrigieren. Hinzu kommt, daß heute neben dem Reallohn auch andere Faktoren für die sogenannten Arbeitnehmer, also die lohnabhängige Bevölkerung, immer wichtiger werden: ich spreche von dem, was bereits von gewerkschaftlicher Seite mit dem Begriff *»Qualität des Lebens«* angedeutet wurde. Es ist doch eine Tatsache, daß gegenwärtig eine Lohnerhöhung keineswegs mehr ausreicht, das Leben für den einzelnen angenehmer zu gestalten, wenn die Umwelt, in der der Betreffende lebt, sich ständig verschlechtert; wenn er einen größeren Teil seines Lohnes oder seines Gehaltes dafür aufwenden muß, um zu seiner Arbeitsstätte zu gelangen; wenn die allgemeinen Verkehrsbedingungen, die Wohnbedingungen und anderes mehr sich in einer solchen Weise verschlechtern, daß stets höhere finanzielle Ausgaben verursacht werden.

Daraus ergibt sich, daß die Gewerkschaften zukünftig ganz entscheidend an einer Sanierung der Umwelt mitarbeiten müssen. Ein anderes Aufgabengebiet wird die Abrüstung sein; schließlich tragen die lohnabhängigen Massen der Arbeiter und Angestellten auch hier die Hauptlast, und zwar einmal finanziell, zum zweiten was das Kriegsrisiko betrifft. Darüber hinaus werden die Probleme der *Dritten Welt* für uns immer dringlicher, und es wird eine Aufgabe der Gewerkschaften sein, im Sinne der alten Vorstellungen von internationaler Solidarität zu ihrer Lösung beizutragen.
So stehen die Gewerkschaften heute an einem Wendepunkt ihrer Geschichte. Sie müssen, ob sie es wollen oder nicht, über Arbeits- und Lohnkämpfe hinaus, die selbstverständlich auch weiter ihre Berechtigung haben, gesellschaftspolitische Zielsetzungen und Strategien entwickeln — im Sinne der von Ihnen angesprochenen »großen Bürgerinitiative«.

Frage: Nun hat sich in der politischen Praxis erwiesen, daß der bürokratische Apparat der Parteien es erfolgreich verhindert, daß eigenständigere, außerparteiliche Organisationen wie Betriebsgruppen, Gewerkschaftsgruppen etc. von außen her versuchen, in den Unternehmen die Interessen der Arbeiter zu vertreten.

Flechtheim: Der Apparat hat natürlich sein Eigengewicht und ist ernst zu nehmen. Man soll aber aus ihm nicht sozusagen einen Buhmann machen. Der Apparat kann sich gegen große, starke Massenbewegungen auf die Dauer nicht durchsetzen. Wir haben das erlebt während der Jugend- und Studentenrevolte, wo einfach manches in Bewegung geriet, obwohl das nur die Bewegung einer Minderheit war. Was den Apparat anbelangt, so verstärkt er die bei erheblichen Teilen der Bevölkerung vorhandenen konservativen Tendenzen und Strömungen. Man muß hier auch fragen: Wie kommt es, daß heute stärker als vor 1914 oder in der Zwischenkriegsperiode ein großer Prozentsatz der Bevölkerung trotz gewissen Veränderungen relativ unpolitisch ist? Dabei war diese Entpolitisierung, dieses Vorherrschen der Ideologielosigkeit, wie ich es einmal genannt habe — ein Ausdruck, der jetzt auch von *Willy Brandt* gebraucht worden ist —, in den fünfziger Jahren und zu Beginn der sechziger Jahre viel stärker als heute. Einiges ist also in Bewegung geraten. Der Übergang von der fast zwanzig Jahre dauernden CDU-Vorherrschaft zur Vorherrschaft der SPD ist natürlich ein Symptom, und die Tatsache, daß die SPD heute beweglicher, differenzierter, polarisierter ist als etwa vor 10 oder 20 Jahren, spricht ebenfalls dafür, daß sich die Politik noch ändert.

Frage: Würden Sie sagen, daß die Parteien auch in der Zukunft eine besondere Aufgabe innerhalb der politischen Struktur unserer demokratischen Gesellschaft zu erfüllen haben?

Flechtheim: Wir befinden uns hier in einem Dilemma. Man kann sagen, daß bisher überall dort, wo wir auch nur eine halbwegs funktionierende Demokratie gehabt haben, diese immer eine Parteiendemokratie gewesen ist und daß wir eigentlich noch keinen vollwertigen Ersatz für die bisherigen Parteien gefunden haben. Wer heute moderne Demokratie sagt, sagt daher auch in gewissem Sinne moderner Parteienstaat.

Auf der anderen Seite wird es aber immer deutlicher, daß die Parteien allein nicht mehr ausreichen; sie reichen nicht mehr aus, weil sie, wie ich vorhin andeutete, strukturell zu begrenzt sind; sie reichen aber auch nicht mehr aus, weil sie sich von der Masse der Bürger und deren langfristigen Interessen entfremdet haben. Wir brauchen also neben den Parteien eine wachsende Zahl anderer Organisationen und Bewegungen von den Bürgerinitiativen bis zu den Verbänden, außerdem immer mehr Zusammenschlüsse von Parteien, Berufsverbänden, Bürgerinitiativen auf übernationaler Ebene.

Frage: Wenn Sie heute eine Prognose über die Zukunft der drei oder vier großen Parteien in der deutschen Bundesrepublik stellen würden, wie würde die Zukunft von SPD, FDP, CDU und CSU aussehen?

Flechtheim: Diese Frage kann ich nur beantworten im Zusammenhang mit einer grundlegenden Aussage über die möglichen Entwicklungstendenzen unserer Gesellschaft überhaupt. Und hier möchte ich einmal unter Ausklammerung großer Katastrophen wie atomarer Kriege oder einer Umweltzerstörung gigantischen Ausmaßes, die das Ende der modernen Zivilisation und damit auch das Ende der Parteien bedeuten würden, auf zwei mögliche Entwicklungslinien hinweisen.

Die eine ist eine eher negative. Sie impliziert den Übergang zu autoritären, bürokratischen, technokratischen Gesellschafts- und Regierungsformen. Dabei würden die Parteien nicht notwendigerweise verschwinden, aber sie würden noch mehr zu gewaltigen Apparaten erstarren, in denen die technokratisch-konservativen Haltungen und Kräfte die Oberhand hätten. Das hieße, daß unter Umständen auch die CDU/CSU wieder das Übergewicht gewinnen könnte. Denkbar wäre aber auch der Sieg der konservativen Tendenzen innerhalb von SPD und FDP. All das würde ich unter dem Schlagwort Neo-Cäsarismus begreifen.

Demgegenüber steht eine positivere Variante, die ich als Demokratisierung der Technokratie mit Richtung auf eine neue liberal-sozialistische Weltgesellschaft bezeichnen würde. Sollten wir uns weiter in dieser Richtung entwickeln, was ich zwar nicht für sicher, aber immerhin für möglich halte, so würde das bedeuten, daß in den Parteien, vor allem in der SPD und FDP, möglicherweise aber sogar auch in der CDU, die progressiveren, sagen wir ruhig demokratischeren und sozialistischeren Strömungen stärker, die Parteien selber sich insgesamt demokratisieren und lockern, sich gegenüber Europa und der Welt öffnen würden, gleichzeitig aber auch nach innen gegenüber den Bürgerinitiativen, den Gewerkschaften, der intellektuellen Jugend usw. — dann hätten wir einen Linkstrend nicht nur im eng-parteipolitischen Sinne.

Frage: Billigen Sie der DKP und den kleineren Parteien in der politischen Struktur der Bundesrepublik noch eine Funktion zu?

Flechtheim: Wenn es der Kommunistischen Partei in Deutschland in Jahrzehnten nicht gelungen ist, auf einen grünen Zweig zu kommen, so spricht nichts dafür, daß sich an diesem Zustand in absehbarer Zeit etwas ändern wird.
Schließlich gab es einmal in Deutschland eine Kommunistische Partei, die bei den Wahlen im November 1932 über 16 Prozent der Wählerstimmen auf sich vereinigte, während bei den letzten Wahlen die DKP 0,3 Prozent oder 0,4 Prozent der Wählerstimmen erreichte. Meiner Überzeugung nach ist die Schwäche der DKP konstitutiv; diese Partei ist nun einmal nichts anderes als eine Filiale der SED und der KPdSU. Daß sich gerade bei einer fortschrittlichen Entwicklung die Menschen für ein solches Anhängsel nicht interessieren werden, liegt doch wohl auf der Hand.
Wir haben bisher von den überlieferten größeren Parteien gesprochen. Ich halte es nicht für ausgeschlossen, daß sich in der Zukunft ein neuer Parteityp einer kleineren Partei formieren wird. Die größeren Parteien unterliegen einfach dem Dilemma, daß sie die unmittelbaren Interessen und Vorurteile der Massen ihrer Anhänger reflektieren müssen, da sie ja Tagespolitik machen. Es läßt sich nun denken, daß in dem Maße, wie die großen Probleme dringlicher werden, wie die politische Bildung Fortschritte macht, wie der Bewußtseinsstand der Menschen sich hebt, diejenigen, die über die Tagespolitik hinaus eher global und futurologisch denken und dabei mit den großen Parteien unzufrieden werden, sich in neuen kleineren Parteien zusammenschließen. Diese Parteien müßten sich von

den alten Parteien gerade darin unterscheiden, daß sie erkennbar machen, daß es nicht in ihrer Absicht liegt, die großen Parteien ersetzen oder verdrängen zu wollen. Sie würden zwar ihren Platz im Parlament zu erringen versuchen, aber nicht erwarten, von heute auf morgen in die Regierung zu gelangen. Vielmehr würden sie ganz bewußt ihre Aufgabe darin sehen, als Initiatoren, als Anreger die großen Parteien zu ergänzen. In ihnen würden dann alle die Probleme diskutiert, die von den großen Parteien vernachlässigt werden. Diese kleinen Parteien würden sich bewußt als demokratische Avantgarde verstehen und als eine Art Wegweiser den Weg in die Zukunft mitzuerhellen suchen.

Hat der Konservatismus eine Zukunft?

Ein Gespräch mit Adelbert Reif

Frage: Herr Professor *Flechtheim,* der politische Konservatismus steht im Begriff, in Theorie und Praxis unserer Gesellschaft wieder eine maßgebliche Rolle zu spielen. Alle Todeserklärungen für den Konservatismus haben daran nichts ändern können.
Worin sehen Sie die Ursache für die Renaissance konservativer Konzeptionen, wie sie gegenwärtig in allen westlichen Industriestaaten zu beobachten ist?

Flechtheim: Ich weiß nicht, ob man von einer Renaissance des Konservatismus im vollen Sinne des Wortes sprechen kann. Ist es nicht so, daß der Konservatismus im Grunde immer vorhanden war – mit Ausnahme weniger Zeiten des Umbruchs, der Revolution, der Erneuerung? Ich meine, der Konservatismus ist etwas sehr Ursprüngliches, sehr Natürliches. Sollten wir uns vielleicht nicht eher fragen, wo und wann gibt es keinen Konservatismus?
Lassen Sie mich mit wenigen Worten erklären, wie ich zu dieser Auffassung komme. Ich glaube, die Konservativen haben in

einem Punkt nicht so ganz unrecht, wenn sie in ihrer organologischen Konzeption mit Vorliebe auf die Familie verweisen. In der Familie ist bekanntlich der junge Mensch sehr lange Zeit vollkommen abhängig von seinen Eltern. Somit sieht er zu den Eltern als den Menschen auf, die ihm das Leben geschenkt haben, die ihn beschützen und denen er alles verdankt. Dieses natürliche Verhältnis der Abhängigkeit wird auch im späteren Leben von den Menschen zunächst einmal einfach beibehalten: denken wir an die Gleichung Vater – Landesvater – Papst usw. Daher die von den Konservativen immer wieder betonte Parallelität zwischen der patriarchalischen Familie und den hierarchisch-autoritären, stationär-statischen konservativen Gesellschafts- und Herrschaftsstrukturen. Das heißt aber auch, daß in jedem von uns ein konservatives Element steckt und daß die Überwindung des Konservatismus ein sehr spätes Kulturprodukt ist. Der Konservative würde vielleicht sagen: eine Verfalls- oder Dekadenzerscheinung. (Nur in Parenthese: Ich habe kürzlich die Mahnung gehört, man solle nichts Böses über den Neandertaler sagen, da er nicht mehr am Leben sei und sich folglich auch nicht verteidigen könne!) Nun, der Neandertaler war gewiß konservativ; und je weiter man in der menschlichen Geschichte zurückgeht, je konservativer waren die Menschen. Bei diesem Anlaß erinnere ich mich einer Stelle im *»Zauberberg«* von *Thomas Mann*, wo auch über den Konservatismus diskutiert wird und sein Verteidiger sich immerhin auf *Hermann den Cherusker* beruft.

Beachten wir also, daß konservative Grundhaltungen immer wieder zu finden sind, gerade auch bei einfachen Menschen. Psychologen unterscheiden zwischen der abstrakten und der konkreten Charakterstruktur: derjenige, der eine stärkere konkrete Charakterstruktur besitzt, der also wenig differenzieren kann und kaum umfassende Bezugssysteme hat, der unter Umständen nur in einem kleinen Kreis lebt, in der Familie, im Dorf, in der Nachbarschaft, der vielleicht sein Leben lang in ein und demselben Betrieb arbeitet – dieser

Mensch wird besonders zu konservativen Haltungen neigen, die, wie ich schon sagte, zum Teil aus der patriarchalischen Familienstruktur erklärt werden können.

Nun kann man natürlich sagen, daß gerade die gesamte moderne Entwicklung vom patriarchalischen Bewußtsein wegführt, wie die großen geistigen Strömungen des 20. Jahrhunderts beweisen. Wahrscheinlich ist es aber doch so, daß die konservativen Ur-Haltungen in dem Augenblick sofort wieder zum Durchbruch kommen, wo andere Strömungen auf Widerstand stoßen. Wir alle haben erlebt, daß einige — nicht alle — Erwartungen und Ansprüche der Menschen an Richtungen wie den Liberalismus, die Demokratie, den Radikalismus, den Sozialismus, den Kommunismus usw. zu Enttäuschungen geführt haben und daß dann eine Rückwendung zu den früheren konservativen Haltungen festzustellen ist.

Frage: In Ihrem Buch *»Futurologie — Der Kampf um die Zukunft«* schreiben Sie, »daß sich einflußreiche Kreise im westlichen Lager im letzten halben Jahrhundert, zum Teil auch als Reaktion auf den ›Materialismus‹ der Kommunisten, auf eine eher ›idealistisch‹-konservative Sicht der Vergangenheit wie der Zukunft konzentriert haben. Für diese ist vor allem typisch, daß die vorwärtstreibende Funktion des Widerspruchs von technisch-industriellen Potenzen und sozio-kulturellen Institutionen geleugnet wird.« In der Tat »läßt dieser historische Idealismus oder Traditionalismus, der an die *Hegelsche* These von der Vollendung der Gegenwart erinnert, für wirklich Neues kaum Raum: die Zukunft ist nicht viel mehr als eine — sicherlich im technischen Detail verbesserte — Fortsetzung der Vergangenheit[1]«. Gibt es noch andere Motive für die Wiederbelebung des Konservatismus?

1 Ossip K. Flechtheim: Futurologie — Der Kampf um die Zukunft, Köln 1970.

Flechtheim: Wie ich schon angedeutet habe, liegt eine starke Motivation für die Wiederbelebung des Konservatismus in den Schwierigkeiten, auf die eine Reihe von anti-konservativen Bewegungen und Ideologien gestoßen sind.

Nehmen wir zum Beispiel einmal den Liberalismus. Der Liberalismus ist davon ausgegangen, daß sich die Welt immer mehr vereinheitlichen wird, daß die Gegensätze zwischen den Nationen geringer werden, daß wir zu einer einheitlichen bürgerlich-liberalen Weltwirtschaft, aber auch zu einer bürgerlich-liberalen Weltkultur kommen. Inzwischen hat sich gezeigt, daß davon keine Rede sein kann: daß die Vereinheitlichung der Welt, die Aufhebung der Gegensätze zwischen den Nationen nur die *eine* Tendenz war. Im Gegensatz dazu hat sich eine *andere* Tendenz wieder sehr stark durchgesetzt: die Ungleichmäßigkeit der Entwicklung in einzelnen Ländern; das Vorprellen gewisser Länder; das Zurückbleiben anderer Länder; die Verhärtung nationaler und sonstiger Gegensätze in vielen Teilen in der Welt – denken Sie nur an die Gegensätze zwischen der Industriewelt und der *Dritten Welt* oder auch an den großen Gegensatz zwischen West und Ost.

Eine ähnliche Entwicklung kann man heute in bezug auf den Sozialismus und den Kommunismus beobachten, wo zunächst einmal – das wird leider nicht mehr so deutlich gesehen – *Marx* und *Engels* der Auffassung waren, daß sich die Welt rasch vereinheitlichen wird, daß es zu einer Weltgesellschaft kommen wird (hier tritt das alte bürgerliche Erbe deutlich zutage), in der sich überall die moderne Industrie durchsetzt, die moderne Stadt gegenüber dem Land, die alten Klassen verschwinden, so daß sich dann nur noch auf der einen Seite das Weltproletariat, auf der anderen Seite die kleine Zahl von Kapitalisten gegenüberstehen, die Proletarier die Macht übernehmen und die Gesellschaft in eine sozialistisch-kommunistische klassenlose Weltgemeinschaft verwandeln.

Übersehen wurde dabei die Ungleichmäßigkeit der Entwicklung, übersehen wurde auch, daß sich quer zu dieser vertikalen

Gliederung horizontale Gegensätze geltend machen: in tragischer Weise etwa im *Ersten Weltkrieg* mit dem neuen Nationalismus zwischen Deutschland, Frankreich und England; dann im *Zweiten Weltkrieg* mit den Gegensätzen zwischen westlicher Demokratie, Faschismus und Kommunismus. Der Sozialismus selber hat sich, soweit er an die Macht gelangt ist, nationalisiert, verstaatlicht; er ist in seiner gegenwärtigen Form nichts anderes als eine Ausdrucksmöglichkeit großer staatlicher und imperialer Gebilde, die mit allen Traditionen ihrer eigenen Geschichte verhaftet sind und nach wie vor unter der Hypothek der Vergangenheit leiden.
Nun aber die Kehrseite der Medaille: aus der technisch-industriellen Entwicklung als solcher folgt nicht automatisch eine Angleichung; auch hier bilden sich neben den Egalisierungstendenzen neue Unterschiede und Disparitäten, neue Arbeitsteilungen und Schichtungen heraus. So stehen sich am Ende nicht ein immer größeres und einheitlicheres Proletariat und ein paar einsame Kapitalisten gegenüber; mit dem Zurückweichen und Verschwinden des alten Mittelstandes entstehen vielmehr neue Mittel*schichten:* Beamte, Angestellte, qualifizierte Arbeiter, technische Intelligenz, Manager usw. usw.

Frage: Könnte man sagen, daß es einen Unterschied zwischen Traditionalismus und Konservatismus überhaupt nicht gibt?

Flechtheim: Nun, das Wort Konservatismus ist ja recht vieldeutig — wie übrigens fast alle politischen Begriffe. Ich habe in meiner Publikation *»Eine Welt oder keine«*[2], in der ich mich unter anderem auch mit dem Konservatismus auseinandergesetzt habe, *drei* Spielarten des Konservatismus unterschieden: Einen reaktionären Konservatismus, der zur »guten Vergangenheit« zurückkehren will, der also sagt, daß schon die Gegenwart abgesunken, schlecht geworden ist, daß die Situation, die es zu erhalten gilt, eigentlich von gestern ist: so

2 Ossip K. Flechtheim: Eine Welt oder keine, Frankfurt 1964.

wollten zum Beispiel in Deutschland die Konservativen nach 1918 das Deutschland von vor 1914, oder in der Bundesrepublik wäre das Deutschland, das wir heute haben sollten, das Deutschland in den Grenzen von 1937.

In einen relativ »reinen« Konservatismus würden jene gehören, die glauben, daß das, was wir im Augenblick haben, schon das Beste ist, das wir überhaupt haben können, und das wir infolgedessen erhalten und bewahren sollten. Diese Form von politischem Konservatismus ist bei uns sehr verbreitet: wir haben eine freie Unternehmerwirtschaft, wir haben eine Marktwirtschaft, wir haben ein rechtsstaatliches Verfassungssystem — das alles müssen wir beibehalten, daran darf nichts geändert werden, da es ja das Beste ist, was die Menschheit haben kann.

Schließlich gibt es noch eine vielleicht als »progressiv« zu bezeichnende Spielart des Konservatismus, die aber meiner Überzeugung nach im Rahmen der Gesamtentwicklung des Konservatismus doch stets nur eine untergeordnete Bedeutung hatte. Zu dieser Spielart des Konservatismus gehören jene Konservativen, die sagen: um bestimmte positive Werte oder Institutionen zu erhalten, müssen Reformen durchgeführt werden; wir müssen uns also an neue Entwicklungen anpassen, aber in sehr vorsichtiger Weise evolutionär.

Frage: Einer der Wortführer des zeitgenössischen Konservatismus in den USA, *Russell Kirk,* nennt folgende *»Grundregeln der konservativen Weltanschauung«:*

Glaube an das Walten einer göttlichen Vorsehung;
Sinn für das Mysterium und die Fülle des Lebens;
Bejahung von Autorität, Hierarchie und Führung;
Zusammengehörigkeit von Freiheit und Privateigentum;
Vertrauen in Tradition und überliefertes Recht, Mißtrauen gegen »Sophisten und Kalkulatoren«;
Bevorzugung organischer, allmählicher Evolutionen vor plötzlichen und radikalen Änderungen.

Sind diese »Pinzipien des konservativen Gedankens« nach wie vor gültig oder bedarf der Neo-Konservatismus einer weiterreichenden Interpretation und Differenzierung?

Flechtheim: Zu diesen »Grundregeln«, die den Konservatismus in seiner Gesamtheit charakterisieren, ein paar kritische Worte. Etwa zum ersten: Glaube an das Walten einer göttlichen Vorsehung; hier könnte man auch das alte Sprichwort erwähnen: Der Mensch denkt und Gott lenkt. Oder zum dritten: Bejahung von Autorität, Hierarchie und Führung; das ist eine durchaus kindliche Haltung. Der ideale Konservative wäre das kleine Kind, das dem Vater blind vertraut und das davon ausgeht, daß der Vater natürlich ein gütiger Vater ist. Aufgrund der Forschungsergebnisse der modernen Psychologie wissen wir heute aber, daß es auch in relativ normalen Familien ein erhebliches Maß von Aggression und Unterdrückung der Eltern gegenüber ihren Kindern gibt und daß im Übergang von der Familie zu größeren Einheiten das positive Element der Fürsorge und Liebe immer mehr abnimmt; das unterdrückende und ausbeutende Elemente nimmt dagegen bei der Gestalt des sog. Landesvaters oder Führers zu. Und schließlich: Mißtrauen gegen »Sophisten und Kalkulatoren«; dieses Mißtrauen impliziert die ganze Skepsis der Konservativen gegenüber jeder modernen rationalen, fast könnte man sagen geistigen Entwicklung.

Zugleich möchte ich betonen, daß diese »Prinzipien« des Konservatismus in der Vergangenheit durchaus nicht unberechtigt waren. In einer statischen Agrargesellschaft, in der Entscheidendes überhaupt nicht verändert werden kann, kommt wirklich nicht so viel dabei heraus, wenn man diese oder jene einzelne Institution verändert oder diese Gruppe an die Stelle jener Gruppe setzt. In einer solchen Gesellschaft führen Umstürze und Revolutionen nicht zu qualitativ Neuem, sondern bestenfalls zu personellen Veränderungen. Ob aber nun an die

Stelle des legitimen Königs X der Revolutionär Y tritt, der nach geraumer Zeit zum Tyrannen wird oder selber eine neue legitime Königsautorität begründet — das macht letzten Endes keinen großen Unterschied.

So betrachtet wäre die konservative Rechnung nicht einmal falsch. Nur haben die Konservativen auch bei den überlieferten Gesellschaften nicht erkannt, daß es auch schon in diesen unter der Oberfläche langsame Veränderungen gegeben hat, die schließlich zur Aushöhlung der alten Strukturen und Systeme geführt haben.

Und damit bin ich bei der entscheidenden Frage angelangt. Wir leben ja heute erstmals in einer ganz anderen, neuartigen, »modernen« Gesellschaft: seit der Renaissance und der Reformation, vor allem aber seit den großen Revolutionen des 18. und 19. Jahrhunderts — seit der Französischen Revolution, der Russischen Revolution, der Industriellen Revolution — leben wir — was kaum noch bestritten wird — in einem eminent dynamischen Zeitalter, in dem sich einfach die Vergangenheit nicht festfrieren läßt. Sie verändert sich unter unseren Augen fortwährend. Das heißt, die Zukunft bricht viel radikaler in die Vergangenheit und Gegenwart ein als früher. Diejenigen, die wie die Konservativen sich nur an der Vergangenheit orientieren, werden nun in ganz anderer Weise als früher dem sozialen Wandel gegenüber hilflos; sie müßten sogar damit rechnen, daß sie gerade durch ihr Bestreben, eine Vergangenheit aufrechtzuerhalten, die von innen unterhöhlt wird, mit dazu beitragen, auch jene Institutionen und Werte aus dieser Vergangenheit, die durchaus erhalten werden sollten, mit auszuhöhlen und zu gefährden.

Entscheidend für das Dilemma des Konservatismus von heute ist, daß er noch nicht dazu gekommen ist, sein Verhältnis zur Vergangenheit und zur Zukunft radikal zu überdenken und die Zukunft als wirklich neue Kategorie in sein System einzubegreifen.

Das gilt sogar auch für diejenigen, die ich als Neo-Konservative bezeichnen möchte, also Leute wie *Franz Josef Strauß* oder *Pascual Jordan* oder gewisse konservative Technokraten beziehungsweise technokratische Neo-Konservative, die nun allerdings gemerkt haben, daß man nicht ohne weiteres die Vergangenheit aufrechterhalten kann. Sie stehen im Gegensatz zu den alten Konservativen, akzeptieren sie doch die technische und industrielle Entwicklung, die wissenschaftlich-technische Revolution. Zugleich entwickeln sie aber zum Teil die größten Illusionen in bezug darauf, daß diese wissenschaftlich-technische Entwicklung alle Probleme für uns lösen wird. Zwar sind sie zukunftsorientiert, aber doch nur in einem sehr begrenzten, unzulänglichen Sinn: sie machen sich nicht klar, daß, wenn man schon den wissenschaftlich-technischen Fortschritt akzeptiert, man ihn einbetten muß in eine Gesellschaft, die sich ebenfalls wandelt, das heißt, daß alle Institutionen, Verhaltensweisen und Werte so entfaltet werden, daß sie diesen wissenschaftlich-technischen Fortschritt in den Griff bekommen und kontrollieren. Anderenfalls kann es geschehen, daß dieser Fortschritt alles sozusagen überschwemmt und sämtliche, auch von den Konservativen geschätzten Institutionen und Werte bedroht.

Frage: Welche politisch-gesellschaftlichen Kräfte im Westen würden Sie als Träger des Konservatismus bezeichnen: das mittelständische Bürgertum? Die Kirchen? Das Militär? Die Arbeiterschaft?

Flechtheim: Das ist heute nicht mehr so einfach wie vielleicht noch im 19. Jahrhundert. Die Fronten verlaufen nicht mehr nur vertikal, sondern zum Teil auch horizontal.
Beginnen wir mit dem Mittelstand: Im Mittelstand gab es immer und gibt es auch heute wieder konservative Elemente, zum Beispiel Bürokraten, Juristen, aber auch kleine Selbständige wie etwa die Bauern oder die kleinen Handwerker und

Gewerbetreibenden, die sich von der modernen technischen Entwicklung bedroht fühlen. Es ist sicher ein berechtigter Vorwurf gegenüber der Linken, daß sie sich um diese Schichten nicht genügend gekümmert hat, daß sie es nicht verstanden hat, diesen Schichten die zukünftige Entwicklung verständlicher zu machen.

Ein weiterer stark konservativer Faktor ist natürlich die Unternehmerschaft, das Kapital, wenn wir es einmal personifizieren wollen. Die großen Unternehmen und Kapitalgesellschaften sowie die mit ihnen eng verbundenen Manager denken höchstens technokratisch. Auch wenn sie gewisse technische Entwicklungen akzeptieren, halten sie doch starr an den überlieferten wirtschaftlichen und sozialen Strukturen fest. Daß zum Beispiel von diesen Unternehmen und Gesellschaften noch immer gegen die nun wahrlich bescheidenen Mitbestimmungsforderungen, die wahrscheinlich – wenn man sie rechtzeitig annimmt – eher zu einer »Reformierung«, das heißt zu einer Verjüngung als zu einem Umsturz des Systems führen würden, angekämpft wird, erscheint mir recht kurzsichtig.

Was nun die Arbeiterschaft betrifft, so gibt es auch in ihren Reihen – vielleicht stärker als früher – konservative Gruppen und Schichten. Beispielsweise sind die großen Gewerkschaften in den Vereinigten Staaten durchaus konservativ zu nennen. Und in den Ländern, in denen die katholische Kirche ein politisches Gewicht hat: Deutschland, Österreich, Italien etwa, sind die Arbeiter, die in katholischen Traditionen aufgewachsen sind, teilweise auch politisch konservativ.

Die Kirchen – ich habe eben die katholische Kirche erwähnt, die ja eine jahrtausendalte Vergangenheit hat und noch immer tief verwurzelt ist im Feudalsystem der alten Agrargesellschaft – haben es ungeheuer schwer, vom Konservatismus loszukommen. Immerhin ist es gewiß positiv zu bewerten, daß sich selbst in der katholischen Kirche – und wohl noch stärker in der protestantischen Kirche – heute erstmals seit langem

wieder progressive, demokratische und sogar sozialistische Kräfte und Tendenzen regen. Sollte es nicht jedem Konservativen zu denken geben, daß er heute nicht mehr wie in früheren Zeiten zu seinen Gunsten einfach die Enzykliken der Päpste zitieren kann, hier vielmehr oft auf radikale, progressive Gedankengänge stößt.
Das Militär ist wahrscheinlich *qua definitionem* konservativ, denn die neue humane Gesellschaft von morgen kann nur eine Gesellschaft sein, in der die Rolle des Militärs reduziert und dieses letzten Endes sogar abgeschafft wird. Militär und Krieg sind konservative Relikte der Vergangenheit.

Frage: Der Physiker *Werner Heisenberg* hat 1969 in einem Vortrag die Frage aufgeworfen: »Wie kommt eine Revolution in der Wissenschaft zustande?« und darauf die Antwort gegeben: »Indem man alle Anstrengungen auf die Lösung eines speziellen, offensichtlich noch ungelösten Problems konzentriert und dabei so konservativ wie möglich vorgeht. Denn nur dort, wo uns das Neue vom Problem selbst aufgezwungen wird, wo es gewissermaßen von außen, nicht von uns, kommt, hat es später die Kraft zu verwandeln ...« Nach *Heisenberg* sind es die Sachzwänge, die Revolutionen in der Wissenschaft bewirken.
Und der italienische Marxist *L. Lombardo Radice* erklärt: »... Die Wissenschaft zeigt, daß das Negative, der Irrtum, endgültig zum Verschwinden gebracht werden kann durch die Methode der Konfrontation, durch die ›sanfte Gewalt‹ der Vernunft. Die Konfrontation der Ideen, der ›Werte‹ von Organisationen, die verschiedene Standpunkte und Interessen ausdrücken, kann ›Koexistenz‹ genannt werden, aber man sollte dem Wert das Adjektiv ›dynamisch‹ hinzufügen.«
Nun mögen zwar in der Wissenschaft die von außen kommenden Sachzwänge eine Revolution bewirken, wie *Werner Heisenberg* meint. Kann man aber mit *Lombardo Radice* dieses für die exakten Wissenschaften vielleicht zutreffende Prinzip

auf die politische und gesellschaftliche Ebene übertragen, ohne in einen Konservatismus zu verfallen?

Flechtheim: Ich bin kein Naturwissenschaftler, trotzdem möchte ich mit allem Respekt für *Heisenberg* das, was er gesagt hat, in Frage stellen. Entspricht es wirklich den Tatsachen, daß die großen Naturwissenschaftler gewissermaßen nur die Probleme haben wirken lassen? Ist es nicht vielmehr so, daß gerade bei den bedeutenden Theorien – ich denke zum Beispiel an die *Einsteinschen, Planckschen* oder auch *Heisenbergschen* Theorien – die Intuition, die Imagination, das Neue beim Wissenschaftler eine große Rolle gespielt haben?
In seiner außerordentlich beachtenswerten Schrift *»Dialektik ohne Dogma?*[3]« sagt *Robert Havemann,* daß das Bild vom Wissenschaftler, der nur nüchtern rechnet und sich an Hand dieser Berechnungen mühsam Schritt für Schritt vortastet – daß dieses traditionelle Bild ganz falsch ist. Vielleicht kennen Sie die berühmte Episode über *Kekulé von Stradonitz,* der an einer Formel für die Ringstruktur des Benzols arbeitete und plötzlich auf einem Spaziergang oder in einem Traum dieses Modell vor sich sah. Es scheint mir, daß zu den Sachzwängen, die selbstverständlich vorhanden sind und die von *Heisenberg* mit Recht betont werden, der menschliche Geist, die menschliche Kreativität hinzukommt. Das würde ich auch gegenüber der *Leninschen* Abbildtheorie einwenden: der menschliche Geist bildet keineswegs nur ab, wie auch *Havemann* betont, der Mensch verarbeitet die Natur kreativ, zwar nicht willkürlich, aber doch so, daß wir das, was uns da gegenübersteht, mit Hilfe unserer besonderen Kenntnisse, Inspirationen usw. in etwas Neues umsetzen und erst dadurch neue Gedankenverbindungen herstellen. Hier zeigt sich schon ein Pluspunkt für den Nicht-Konservativen, nämlich das Gewicht neuer kreativschöpferischer Haltungen.

3 Robert Havemann: Dialektik ohne Dogma? Naturwissenschaft und Weltanschauung, Hamburg 1964.

Das sehe ich auch bei *Lombardo Radice;* er will nur erklären, daß die entscheidenden Fortschritte in der Wissenschaft nicht auf gewaltmäßig-administrativem Wege erzielt werden können; nicht dadurch, daß man gewisse Dinge gebietet und vor allem verbietet; daß man also einem *Galilei* untersagt zu erklären, wie das Sonnensystem operiert, oder daß man in der Sowjetunion den Biologen verbietet, *Lyssenkos* Vererbungstheorie zu kritisieren; daß man gegen die Psychoanalyse oder die Kybernetik mit administrativen Maßnahmen vorgeht ... Ich glaube, daß gerade der Mathematiker *Lombardo Radice* zum Ausdruck bringen will, daß aus der Entwicklung der Wissenschaft Neues entsteht (bei *Ernst Fischer* finden Sie übrigens ähnliche Gedankengänge). Oder denken Sie an *Brechts* These in seinem *»Galilei«* über die mögliche, nicht ausgeschöpfte dynamisch-revolutionäre Funktion der Physik im 17. Jahrhundert.

Fassen wir zusammen: aus der Wissenschaft selber erwachsen progressive, anti-konservative Impulse, hat doch die Wissenschaft die Welt in einem ungeheuren Ausmaß verwandelt. Freilich ist hier wie in allem anderen angelegt, daß dieser Prozeß ins Konservative pervertiert werden kann, etwa in der technokratischen Verfestigung bestimmter Zustände. Ich bin aber davon überzeugt, daß die Wissenschaft als Ganzes — und auch *Marx* hat sich in diesem Sinne durchaus als großer Wissenschaftler verstanden — mit ihrer kritischen, zweifelnden und skeptischen Funktion gegenüber der Natur wie gegenüber den Autoritäten in der Gesellschaft sehr wohl eine progressive, dynamische, manchmal sogar revolutionäre Rolle spielt. Das einzig »Konservative« (in Anführungszeichen!) in der Wissenschaft ist — und das würde ich positiv bewerten —, daß sie nicht einseitig ist, daß sie nicht sagt: dies oder jenes ist das einzig Mögliche für alle Zeiten, und wer das nicht akzeptiert, der scheidet aus; sondern, daß sie gewisse Erklärungen aufhebt oder zurückweist, Neues an die Stelle des Alten setzt, doch immer mit dem Vorbehalt, daß auch das wieder in Frage gestellt werden kann. Die Wissenschaft vollzieht also einen endlosen Prozeß, sie befindet sich in einem pausenlosen Dialog, worin keine alte Position als absolute Autorität dogmatisch, unfehlbar ist, vielmehr immer wieder neue Positionen an die Stelle der bislang gültigen gesetzt werden.

Frage: Um noch einmal *Werner Heisenberg* zu zitieren: kürzlich bezeichnete der Wissenschaftler in einem Gespräch das Prinzip der bloßen Zweckmäßigkeit, das unsere Gesellschaft zum einzigen Kriterium bei ihren Vorhaben erhebt, als den menschlichen Lebensbedürfnissen im Grunde zuwiderlaufend. An Beispielen wie den auf »Zweckmäßigkeit« ausgerichteten Verwaltungsapparaten oder der »Zweckmäßigkeit« auf dem Sektor des Wohnungsbaus zeigt sich nach *Heisenberg* die Misere dieses Prinzips. Denn die Folge konsequent geplanter und durchgeführter »Zweckmäßigkeit« sind Unzweckmäßigkeit und Entfremdung.
Trägt diese gewollte Zweckmäßigkeit nicht ebenfalls zur Neuetablierung und Stabilisierung des Konservatismus bei?

Flechtheim: In diesem Punkt würde ich *Heisenberg* voll zustimmen. Wenn man nur von der Zweckmäßigkeit, also dem Funktionieren ausgeht, entmenscht man den Menschen, macht ihn zu einem Rädchen in einem riesigen Mechanismus, der sozusagen ohne ihn als schöpferisches Wesen funktioniert. Das Menschliche beruht aber gerade darauf, zwei verschiedenen Seiten Spielraum zu lassen. Auf der einen Seite ist selbstredend eine gewisse Funktionsfähigkeit erforderlich. Wir können nämlich nicht – und hier wären einige Illusionen mancher unserer jungen Linken zurückzuweisen – in einer Gesellschaft leben, in der nichts funktioniert; mindestens muß genügend Brot, Wasser usw. vorhanden sein, damit wir unser Leben fristen können. In einer modernen Gesellschaft herrschen natürlich zahlreiche weitere technologische und sonstige Sachzwänge und Zweckmäßigkeiten. Doch das wäre lediglich der äußere Rahmen oder die Basis (vielleicht kann man hier den *Marxschen* Begriff von der materiellen Basis verwenden). Darauf erhebt sich dann das Gebäude des eigentlich Menschlichen in seiner Vielfalt, in seiner Widersprüchlichkeit, aber auch in seiner »Unzweckmäßigkeit«. Hier müssen nun Verhaltensweisen entwickelt und ermöglicht werden, die von bestimmten Werten, wie etwa Freiheit – Gleichheit – Brüderlichkeit ausgehen, die sehr wohl der einfachen Zweckmäßigkeit widerstreben können.

Dazu ein extremes Beispiel: Wenn Sie sich als Familienvater ausrechnen, was für Ihre Familie das Zweckmäßigste ist, kommen Sie vielleicht zu dem Ergebnis, das Zweckmäßigste wäre, die Kinder nicht allzuviel lernen zu lassen, sie vielmehr möglichst früh in einem Betrieb als billige Arbeitskräfte unterzubringen. Wenn die Kinder dann sehr bald verbraucht sind, wird es sicher gerade bei dem heutigen Angebot an Menschen (Bevölkerungsexplosion!) immer wieder neue und billige Arbeitskräfte geben. Das wäre eine Kalkulation, wie sie in den alten Sklavengesellschaften wirklich gemacht wurde.

Dagegen steht nun – und das werden selbst moderne Konservative kaum bestreiten können – etwa das Prinzip der Menschlichkeit, der Freiheit und der Gleichheit. Auch die Kinder haben genau wie ihre Eltern Anspruch auf eine bestimmte Entwicklung. Sie sollen nicht einfach als Arbeitskräfte im Interesse der Profitabilität eines bestehenden Wirtschaftssystems eingeplant, sondern instand gesetzt werden, ihre eigene Persönlichkeit zu entfalten. Das aber bedeutet zunächst Kosten, schafft Schwierigkeiten und Probleme, die sich, wenn überhaupt, dann erst im weiteren Verlauf der Entwicklung »auszahlen«. Das gilt für den gesamten Komplex des Lernens. Von einem kurzfristigen Kostenstandpunkt aus lohnt sich meist das Lehren oder Lernen nicht; zum Teil lohnt es sich überhaupt nicht materiell. (Von einem rein materiellen Gesichtspunkt aus betrachtet, könnte die Gesellschaft sicher ohne einen *Shakespeare*, ohne einen *Goethe* existieren.) Gewisse kulturelle Überschußprodukte gehen in diesem begrenzten Sinne in einer einfachen Kostenrechnung gar nicht auf. Darüber hinaus stoßen die engen Rentabilitätsgesichtspunkte, die Kosten der Privatwirtschaft, auf das Prinzip der sozialen Kosten, von denen erst heute häufiger gesprochen wird.

Frage: Neuerdings sind in verstärktem Maße Bemühungen im Gange, den »transzendental-soziologischen Gehalt« des Konservatismus in den Vordergrund zu stellen. So wird behauptet, daß der konservative Gedanke in seiner »transzendental-soziologischen Struktur« auf eine »unverkürzte Anthropologie« verweise, indem er als »anthropologisches Faktum« ein »früher verdecktes menschliches Wesensmerkmal ans Licht« bringe: nämlich die bleibende Angewiesenheit des Menschen auf Überlieferung, Autorität und einigermaßen intakte Institutionen; die Tatsache, daß Fortschritt überhaupt nur möglich ist auf der Grundlage von Tradition und daß Tradition bewahrter Fortschritt, Fortschritt weitergeführte Tradition ist usw. . . .
Wie beurteilen Sie diese transzendental-soziologische Begründung des Konservatismus?

Flechtheim: Was hier gesagt wird, ist weitgehend richtig. Das hat aber mit dem, was konservativ im eigentlichen Sinne ist, wenig zu tun. Jeder moderne Progressive oder Radikale bekennt sich auch zur Kategorie Vergangenheit oder Geschichte oder Identität. Auch ein so radikaler Philosoph wie *Marx* hat niemals die Tradition oder die Überlieferung in Frage gestellt, ja er war selbst in einem eminenten Sinne Historiker. So scheint es mir ganz selbstverständlich zu sein, daß zur Kontinuität der Menschheit gerade in einer Zeit, in der die Zukunft immer wichtiger wird, auch die Vergangenheit gehört. Noch ein Wort zur Institution als solcher, die ich bejahe. Aber Institutionen können nur intakt funktionieren, wenn sie immer wieder dynamisch angepaßt werden. Zur Tradition gehört nun einmal die Veränderung, der Fortschritt. Überspitzt könnte man es mit einem Wort von *Marx* so formulieren, daß nur der Wandel ewig ist. Wenn der Konservative sagt: wir sind für die ewigen Güter und Werte — und das heißt vor allem den Wandel —, dann ist das in gewisser Weise ein Wortspiel; in der Sache könnte ich ihm dann allerdings zustimmen.

Frage: In diesem Zusammenhang wird sogar ein *quasi* »naturwüchsiger Konservatismus« geltend gemacht. Unter Berufung auf *Johan Huizingas* schon klassisch zu nennendes Werk *»Homo ludens. Vom Ursprung der Kultur im Spiel«* heißt es, daß »nicht unbeträchtliche Felder von Tätigkeiten, Verhaltensweisen und Beziehungen« des Menschen diesen »naturwüchsigen Konservatismus« voraussetzen: zum Beispiel Freundschaft und Ehe, die »Hingabe« an das Land und an die Kirche, in die man »hineingeboren« wurde; ferner die Anhänglichkeit an vertraute Einstellungen, Arbeitsabläufe, Bräuche, Gegenstände und Spiele, an alle Aktivitäten, die nicht um des Nutzens, sondern um des Vergnügens willen gepflegt werden, also mehr oder minder zum Ritus gewordene Lebensäußerungen darstellen.
Läßt sich daraus eine Begründung für den Konservatismus ableiten?

Flechtheim: Hier wird die Problematik des Konservatismus besonders deutlich. Wer wird heute noch ernsthaft von der »Hingabe« an das Land und an die Kirche sprechen? Das sind durchaus historisch gebundene Kategorien, und wir haben innerhalb weniger Jahre erlebt, wie sie sich überholt haben. Was wir heute und morgen brauchen, ist eine neue Konzeption von »Land«, das in vielfacher Beziehung überhaupt erst zu schaffen, zu erhalten, zu pflegen, wiederherzustellen ist, und zwar in dem Maße, wie das alte Land zerstört wird.
Ähnlich verhält es sich mit der Kirche; die Idee einer neuen

Kirche findet sich sogar auch in Kirchenkreisen. Und schließlich die Ehe: ist hier gedacht an die alte patriarchalische Familie, wo, wie ich eingangs sagte, die konservative Haltung der Unterwerfung des Kindes und auch der Frau unter den *pater familias* gepflegt werden soll? Bedenken Sie, daß in der »guten alten Zeit« der *pater familias* theoretisch totale Gewalt über Leben und Tod der Kinder hatte – ob die Konservativen das heute noch für vorbildlich halten? Gerade am Beispiel der modernen partnerschaftlichen Ehe und Familie können wir hingegen erkennen, wie hier neben den bleibenden Phänomenen auch die sich ändernden Umstände von Bedeutung sind. Dasselbe gilt selbstverständlich auch für Arbeitsabläufe, Bräuche, Spiele u. a. m., die ja zum Teil gerade deswegen wichtig und interessant sind, weil in ihnen Neues in Erscheinung tritt.

Frage: Den »transzendental-soziologischen Gehalt« des Konservatismus sehen die Neo-Konservativen unter anderem auch darin, daß das menschliche Tun und Lassen in seiner Komplexheit, »im politischen wie im außerpolitischen Raum, seit einer Generation im Schatten des möglichen, von Menschen herbeigeführten, Endes der menschlichen Gattung steht«, so daß nicht länger die Bewahrung irgendwelcher historisch gewordener Institutionen das primäre Anliegen einer konservativen Stellungnahme ist, »sondern die Erhaltung der Bedingungen der Möglichkeit bloßen Überlebens selbst«.
Konkreter heißt es in einer neo-konservativen Selbsteinschätzung dazu: »Da der thermonuklearen und ökologischen Bedrohung alle ausgesetzt sind – auch die Revolutionäre aller Länder und Lager –, ist die planmäßige, rationale und systematische Abwehr dieser Gefahr zur konkret-allgemeinen Aufgabe eines aufgeklärten Konservatismus unter den eschatologischen Bedingungen der technisch-wissenschaftlichen Zivilisation geworden: *gens humanum conservandum.«* Und: »Angesichts der unerbittlichen Nivellierung im Schatten des mög-

lichen kollektiven Untergangs sind alle Menschen Konservative, es sei denn, sie wollen Selbstmord begehen.«
Handelt es sich hierbei um eine echte Neuorientierung des Konservatismus?

Flechtheim: Wir sind natürlich alle »konservativ« — und das kommt gerade hier sehr gut zum Ausdruck —, sofern wir die menschliche Gattung *erhalten* wollen. Angesichts neuer überragender Gefahren, zu denen die thermonukleare und ökologische Bedrohung gehört, haben heute wohl in der Tat die Gemeinsamkeiten einen stärkeren Stellenwert als in der Vergangenheit. Das ist nun aber keine typisch konservative, sondern eine allgemein-menschliche Erscheinung.
Dazu aber noch ein oder zwei Bemerkungen. Stimmt es wirklich, daß alle Konservativen das bereits eingesehen haben? Wie mancher Konservative — und ich meine das jetzt nicht eng parteipolitisch, sondern in einem sehr prinzipiellen Sinne — hält nicht starr an überlieferten Institutionen und Privilegien fest? Wie schwer ist es doch, Unternehmer dazu zu bewegen, die überlieferte sogenannte *»soziale Marktwirtschaft«* in Frage zu stellen; aber auch Arbeiter davon zu überzeugen, daß sie auf überlieferte Privilegien verzichten und sich umstellen — vom Osten schon ganz zu schweigen, wo man in den offiziellen Kreisen starr an den erreichten politischen und sonstigen Strukturen, einschließlich der Armee, der Diplomatie und Machtpolitik, die ganz traditionell geworden ist, festhält.
Wenn nun also auch alle Menschen heute im Prinzip gewisse gemeinsame Grundinteressen haben, so dürfen wir doch nicht die gleichzeitige Differenzierung ihrer Interessen übersehen. Wenn wir einmal von dem extremen Fall eines thermonuklearen Krieges absehen, der die ganze Welt vernichtet, bleiben doch die Privilegierten — auch in bezug auf die erwähnten umfassenden ökologischen Gefahren — im Vorteil. Der reiche und unabhängige Mann kann sich zum Beispiel der Verschmutzung der Luft oder ähnlichen Umweltgefahren eher

entziehen als der kleine Arbeiter oder Angestellte; er kann sich auch im Krankenhaus eine viel bessere Pflege und Versorgung leisten als der Durchschnittsbürger oder der Arme. Diese Privilegien stoßen freilich auf gewisse Grenzen: Der Atomkrieg würde wahrscheinlich den Unternehmer oder Millionär genauso wie den Arbeiter oder den Bettler treffen. Und der Krebs tötet heute die ganz Reichen ebenso wie die ganz Armen. Das ist ein Grund, warum an die Einsicht der Privilegierten appelliert werden kann, daß zur Lösung dieser Fragen alle beitragen müssen. Andererseits heißt das — und auch das darf nicht verschwiegen werden, daß die Privilegierten einen erheblich stärkeren Beitrag leisten müßten als die Unterprivilegierten.

Frage: Mit Genugtuung betonen Neo-Konservative, daß es »trotz aller Querverbindungen zwischen einzelnen konservativen Denkern« einen Konservatismus als Lehre nicht gibt: was jeweils konservativ ist, bestimmt sich verschieden je nach der geschichtlichen Lage und den nationalen Bedingungen. Das heißt: »Der Konservatismus hat weder einen lückenlos referierbaren Lehrgehalt noch ein für allemal feststehende ›Positionen‹ und ist nur dann zu aktualisieren, wenn in einer tiefgreifenden geschichtlichen Krise fundamentale Institutionen angegriffen oder sonstwie gefährdet werden. Er ist definiert durch die jeweilige kritisch-revolutionäre Herausforderung« *(Gerd-Klaus Kaltenbrunner).*
Meines Erachtens ergeben sich daraus *zwei* wesentliche Fragen. *Erstens:* Lassen sich in der Geschichte überhaupt Beispiele finden, daß politische Konzeptionen ohne »referierbaren Lehrgehalt«, ohne »feststehende Positionen« auf die Entwicklung der Menschheit einen positiven, das heißt progressiven Einfluß ausgeübt haben?
Und *zweitens:* Besitzt diese Position des Neo-Konservatismus aufgrund ihrer erklärten Flexibilität gegenüber den verschiedenen ideologischen Strömungen, politischen Festlegun-

gen, gesellschaftlichen Entscheidungen usw. in unserer von der Wissenschaft und Technik beherrschten Welt nicht eine besondere Anziehungskraft?

Flechtheim: Zugegeben, der Konservatismus ist eine Art von natürlichem Residium. Wie ich schon angedeutet habe, ist er in den frühen statischen Agrargesellschaften entstanden. Er spiegelt zugleich die frühe Situation des Menschen als Kind in einer patriarchalischen Familie wieder – er symbolisiert in gewisser Beziehung den Widerstand der Natur gegen die Kultur. In der Natur geht es weitgehend »konservativ« zu, da herrscht der Stärkere über den Schwächeren, da herrschen die überlieferten Verhältnisse, da wird nicht geplant; dafür müssen die Beteiligten allerdings auch den hohen Preis zahlen, daß unter Umständen ganze Rassen und Spezies zugrunde gehen. Hier fällt mir ein altes pazifistisches Plakat ein: zuwenig Gehirn und zuviel Panzer bei den alten Dinosauriern, die höchst konservativ waren und sich veränderten Umständen nicht anpassen konnten.
Der Konservative ist also – und das ist, meine ich, der entscheidende methodische Einwand gegen den Konservatismus – ein Mensch, der lediglich das, was ohne sein Zutun sowieso in der Natur schon vorhanden ist, nur ideologisch rechtfertigt und verteidigt. Um diesen Aspekt der Natur sollten wir uns aber keine Sorgen machen: die konservativen Kräfte, die konservativen Widerstände sind in der Natur schon stets außerordentlich stark vorhanden, es kommt immer wieder darauf an, sie positiv-progressiv zu überwinden, und dazu haben die echten Konservativen von ihrer Position aus bisher kaum einen Beitrag leisten können. Erst im nachhinein, wenn die anderen die Reformen durchgeführt hatten, haben sie sich auf diese berufen. Eine Vielzahl von Konservativen haben vor dem allgemeinen Wahlrecht gewarnt: der bedeutende englische Historiker *Macaulay* hat noch in der Mitte des 19. Jahrhunderts erklärt, die Einführung des allgemeinen Wahlrechts

würde das Ende der englischen Kultur bedeuten. Nachdem das allgemeine Wahlrecht aber einmal eingeführt worden ist, machen es sich nun aber die Konservativen zu eigen — als einen positiven Bestandteil der zu erhaltenden Gesellschaft!
Ähnlich verhält es sich mit den Sozialreformen. Der von *Marx* kritisierte Ökonom *Nassau William Senior* hat im 19. Jahrhundert beteuert, die Reduktion des Arbeitstages von elf auf zehn Stunden würde zum Bankrott der Wirtschaft führen. Nach der Reduzierung der Arbeitszeit auf zehn und später dann auf acht Stunden erklärten die Konservativen nun, daß dieser reduzierte Arbeitstag gut sei und seinerseits nicht mehr verringert werden dürfe. Hier offenbart sich ein eklatanter Widerspruch in der Position des Konservatismus.
Die Unbestimmtheit — das ist etwas anderes als Flexibilität — der konservativen Position hängt damit zusammen, daß historisch der Konservative fast immer reagiert. Im 19. Jahrhundert artikulierten sich zunächst die liberalen Strömungen, erst als Reaktion auf sie wurden die konservativen Positionen entwickelt, aber sehr vage, mehr als Haltung, als Emotion, wobei die rationale Artikulation als »Intellektualismus« abgelehnt wurde. Diese bestimmten Ur-Trieben entsprechende, aber verschwommene Haltung kann sicherlich dazu führen, daß man sich immer wieder, vor allem in Zeiten von Unsicherheit und Krise, an alten Verhaltensweisen festklammert und von daher Sicherheit beziehen möchte. Aber das ist keine echte Sicherheit, keine dauerhafte Sicherheit.

Frage: Dem Vorwurf, Konservatismus sei letzten Endes reaktionär, halten die Neo-Konservativen entgegen: »Reaktionär wäre das Streben, historisch bereits überwundene Zustände in einer total veränderten Umwelt zu erneuern, etwa die mittelalterliche Ständegesellschaft im Zeitalter der wissenschaftlich-technischen Revoluion, konservativ dagegen eine Haltung, die Bestehendes — unter Umständen auch durch Reform — gegenüber radikalen Angriffen zu bewahren versucht.«

Und weiter heißt es: »Sowenig wie eine konservative Position Entwicklung ausschließt, sowenig ist sie deshalb auch auf eine einzige Gestalt gesellschaftlicher Verfassung fixiert: je nach der historischen Situation kann der Konservatismus einen aristokratisch-elitären oder demokratisch-plebejischen, liberalen oder autoritären, republikanischen oder monarchistischen Charakter haben. Wer beispielsweise heute die bestehende rechtsstaatlich-demokratische Ordnung in der Bundesrepublik Deutschland zu bewahren wünscht, ist ein Konservativer – unabhängig davon, ob er seiner Parteizugehörigkeit nach als Christdemokrat, Liberaler oder Sozialdemokrat gilt...« *(Gerd-Klaus Kaltenbrunner).*
Wie beurteilen Sie diesen Aspekt des Neo-Konservatismus?

Flechtheim: Ich fürchte, daß das alles sehr vage ist. Gewiß, derjenige, der nach der Wiederherstellung der Vergangenheit strebt, ist reaktionär zu nennen; ein Konservativer will hingegen das Bestehende aufrechterhalten. Wieweit er aber Reformen akzeptiert – bleibt doch die große Frage.
Wenn Sie etwas konkreter nachforschen, werden Sie feststellen, daß insbesondere in Deutschland die Konservativen fast immer Reformen bekämpft oder einzuschränken versucht haben, daß sie jede weitergehende Strukturreform abgelehnt und den *Status quo* gegenüber Angriffen, die ihnen als »radikal« erschienen (wobei in dem Wort »radikal« ein negativer Unterton liegt!), verteidigt haben. Umgekehrt hat das Wort »radikal« in Ländern mit großen liberalen und demokratischen Traditionen wie England, Frankreich oder auch der Schweiz eine durchaus positive Bedeutung: ein Radikaler in England war ein Mitglied des linken Flügels der liberalen Partei, der sich für alle möglichen Reformen eingesetzt hat; ein Anhänger der radikalen Partei in Frankreich, die inzwischen allerdings auch recht konservativ geworden ist, war ein konsequenter Liberaler und Demokrat; und in der Schweiz heißen heute noch die halbwegs fortschrittlichen Liberalen Ra-

dikale, vor allem in der welschen Schweiz. Bei alledem gilt es zu bedenken, daß »radikal« eigentlich nur gründlich heißt, eine Sache bei der Wurzel anpacken. Daher sollte man lieber nur von »extrem« sprechen. Aber was ist ein extremer Angriff? — ein terroristischer Angriff auf die Menschenrechte oder schon etwa eine Strukturreform, die ein System von deutlich erkennbaren Schwächen gewaltfrei befreien will?
Nun noch ein Wort zu einem allzusehr verlorengegangenen Aspekt. Ich bekenne mich zur rechtsstaatlich-demokratischen Ordnung der Bundesrepublik Deutschland unter anderem gerade deshalb, weil in ihr progressive und dynamische Elemente Gewicht haben müßten. Es gehört doch zur ursprünglichen Konzeption der Demokratie, wie sie in Frankreich und Amerika entwickelt worden ist, daß in einer demokratischen Staatsform Veränderungen friedlich durchgeführt werden können — wenn auch vielleicht mit erschwerten parlamentarischen Mehrheiten. — Eine demokratische Verfassung geht prinzipiell davon aus, daß der bestehende Zustand nicht ewig und unveränderlich ist, sondern daß, abgesehen von einigen wichtigen und unabdingbaren Grund- und Menschenrechten, alle Institutionen immer wieder neu überprüft und verändert werden können und sollen. In diesem Sinne kann man sogar eine moderne rechtsstaatlich-demokratische Ordnung als *die* Ordnung der permanenten Reform oder der permanenten gewaltfreien »Revolution« (in Anführungszeichen!) charakterisieren.
Nehmen wir doch den Artikel 15 des Grundgesetzes der Bundesrepublik Deutschland, nach welchem eine weitgehende Umgestaltung der Wirtschaftsordnung denkbar ist, und zwar mittels Überführung der Produktionsmittel in Gemeineigentum oder in gemeinwirtschaftliche Formen. Was sagen die Konservativen, die so gern von der Grundordnung sprechen, zu diesen Seiten einer modernen demokratischen Verfassung?

Frage: Eine weitere Begründung für die Berechtigung, ja Notwendigkeit des Neo-Konservatismus sehen seine aufgeklärten

Wortführer darin, daß der Konservatismus – ihrer Auffassung nach im Gegensatz zu den Fortschrittsdoktrinen marxistischer oder liberaler Observanz – imstande ist, »die historische Berechtigung konkurrierender politisch-sozialer Philosophien einzusehen, die historischen Bedingungen ihres Obsoletwerdens anzugeben und überdies die in ihnen enthaltene Wahrheit seiner eigenen Theorie einzuverleiben ...«

Flechtheim: Da kehren wir wieder zu dem Punkt zurück, den ich vorhin schon erwähnt habe: daß nämlich der Konservative Veränderungen und Reformen, im Prinzip negativ, zumindest aber außerordentlich skeptisch gegenübersteht und sie erst dann akzeptiert, wenn die anderen Kräfte sie gegen seinen oft erbitterten Widerstand durchgeführt haben. Der Konservatismus trägt also in keiner Weise zur Fortentwicklung bei, er ist vielmehr der Hemmschuh des Fortschritts. Gerade der Umstand, daß er andere Theorien erst dann seiner eigenen Konzeption einverleibt, wenn sie sich ihm gegenüber durchgesetzt haben, scheint mir unbefriedigend zu sein, läuft das doch auf eine rein passive, eine nur reagierende Position hinaus. Gemäß den großen philosophischen und humanen Traditionen auch der Vergangenheit gehört jedoch zum Wesen des Menschen, besonders des modernen, aktiven, faustischen Menschen, daß er selber aktiv in das Geschehen eingreift, daß er selber daran arbeitet, die herrschenden Verhältnisse zu verändern und zu verbessern.

Frage: Herr Professor *Flechtheim,* die These der Neo-Konservativen, nach welcher der Konservatismus weit davon entfernt ist, ein geschichtlich überholter Standort zu sein, vielmehr weiterhin alle Gesellschaften im Umbruch und »zwischen den Zeiten« als »Mahner, Korrektiv und Avantgarde des Bewahrens« begleiten wird, diese These findet offensichtlich jetzt auch bei Marxisten ein Echo. Nach *Leszek Kolakowski* würde eine Menschheit, die das konservative Element restlos verdrängte, nicht nur zum Opfer utopischer Lebenslügen, sondern fiele letzten Endes erinnerungslos zurück in die Barbarei. Was ist Ihre Auffassung?

Flechtheim: Ich glaube nicht, daß man *Kolakowski* als Konservativen bezeichnen sollte. Das, was er hier sagt, ist eigentlich selbstverständlich: Ein noch so radikaler, progressiver und dynamischer Denker oder Politiker wird, wenn er etwas taugt, die Kontinuität, die Tradition ohne Zweifel in seiner Rechnung mit einbegreifen — im Sinne des Weiterentwickelns, des Überwindens, des Experimentierens. Wer wird aber nach dem Gesagten noch behaupten wollen, gerade der Konservative sei ein »Avantgardist des Bewahrens« — es sei denn, Bewahren hieße hier unverändertes Weiterführen?
Hier sind wir wieder bei der eigentlichen Problematik unseres dynamischen Zeitalters; wir können eben das, was einmal gewesen ist, nicht einfach unverändert übernehmen — und wir wollen es auch nicht. Gegen alle konservative Schönfärberei muß doch einmal deutlich gesagt werden, daß die Vergangenheit zum Teil unerhört negativ war. Man braucht nur daran zu denken, daß die meisten Menschen die meiste Zeit in einem heute unvorstellbaren Elend lebten, ausgebeutet, unterdrückt und ausgeschlossen von allen geistigen und sonstigen Errungenschaften der Kultur. Noch *Heinrich von Treitschke* bejahte die Sklaverei, weil er der Auffassung war, daß nur eine kleine Minderheit kulturell produktiv sein könne, während die große Mehrheit als Sklaven für diese Minderheit leben müsse. Bekennen sich unsere modernen Konservativen noch hierzu? Wenn nicht, dann sollten sie anerkennen, daß nicht die Konservativen, sondern ganz andere Kräfte dafür gekämpft haben, diesen Zustand zu überwinden, und daß vielleicht heute das Überleben der Menschheit von dem Sieg anderer Kräfte und Methoden als in der Vergangenheit abhängen wird.
Ich möchte hier ein Wort von *Fontane* — in gewisser Beziehung ein Konservativer — erwähnen, der einmal gesagt hat:

Das Vergangene sollten wir lieben, für das Zukünftige sollten wir leben.

Frage: Wenn man nun einen Blick auf die Sowjetunion wirft, so zeigt sich, daß dort die Entwicklung seit der Oktoberrevolution in vielem von der revolutionären Utopie zu einer neokonservativen Ideologie verlaufen ist. Denn: »Erinnert der stalinistische Terrorismus an *Orwells* Gegenutopie, so ähnelt die Entwicklung der beiden letzten Jahrzehnte eher der westlichen ›entideologisierten‹ Ideologie der neokonservativen Konsumentendemokratie als der ursprünglichen radikalen Utopie«, um mit Ihren Worten zu sprechen.
Welche Faktoren, welche Triebkräfte sind es, die Ihrer Meinung nach dem Neo-Konservatismus in der Sowjetunion den Weg bereitet haben?

Flechtheim: Das ist rückblickend gesehen gar nicht so schwer zu diagnostizieren. Es hat sich hier gerächt, daß die Sowjetunion letzten Endes das rückständige Rußland geblieben ist. Wir können heute feststellen, daß Rußland 1914 oder 1917 im wesentlichen noch ein Entwicklungsland war, mit wenig Industrie, mit einer sehr dünnen Schicht von Intellektuellen, mit einer kleinen revolutionären Avantgarde. Die große Masse der Bevölkerung bestand aus analphabetischen Leibeigenen. In dem Augenblick nun, wo der revolutionäre Impuls nachgelassen hat, bekamen diese Faktoren der russischen Vergangenheit wieder das Übergewicht. *Lenin* hat das geahnt, als er einmal – ich glaube 1922 oder 1923 – sehr drastisch erklärt hat: Wir haben die ganze alte Scheiße wieder. Er meinte damit die alte Bürokratie, die alten Apparate, die zu überwinden der Revolution nicht gelungen war.
Das hängt natürlich auch damit zusammen, daß die Revolution von außen erbittert bekämpft worden ist, worauf auch schon *Rosa Luxemburg* hingewiesen hat. Die Revolution fand nicht die Hilfe der westlichen Länder. Im Gegenteil, es kam zur

gegenrevolutionären Intervention und zum Bürgerkrieg mit all der Not und dem Elend. Allzubald wurden die alten Strukturen und Verhaltensweisen restauriert. Immerhin dürfte das Neue — die Verstaatlichung der Industrie, die Elemente der Planwirtschaft, die Alphabetisierung — die Sowjetunion vor einem Rückfall in Faschismus und Nationalsozialismus bewahrt haben. So gesehen waren umgekehrt der Faschismus und Nationalsozialismus in Deutschland die Gegenrevolution in einem Land, das die bürgerliche Revolution nicht transzendieren konnte. Der Stalinismus war dagegen die Gegenrevolution in einem Land, das zwar mit der Nationalisierung und Kollektivierung über die bürgerliche Revolution gerade hinausgekommen war, aber nun doch wenn auch nicht in einen faschistischen, so doch in einen konservativ-reaktionären Zustand zurückgeworfen wurde. Entscheidend war auch, daß die Russische Revolution und der sogenannte Sozialismus auf ein einziges Land beschränkt blieben. In den zwanziger Jahren gab es die bekannte Kontroverse zwischen *Stalin* und *Trotzki:* Ist es möglich, daß der Sozialismus in einem Land siegt? *Trotzki* hat das bestritten; als echter Schüler von *Marx* und *Engels* hat er gesagt, ein echter Sozialismus kann nur im Weltmaßstab verwirklicht werden, vor allem in den entwickelten Industrieländern. *Stalin* hat dagegen erklärt, in einem an Bevölkerung, Ausdehnung und Bodenschätzen so reichen Lande wie Rußland ließe sich der Sozialismus gewissermaßen im Alleingang errichten. Dabei hat er wohl rein technologisch oder technokratisch gedacht. Natürlich kann man sozialistische oder besser etatistisch-kollektivistische Strukturen einführen, wenn man genügend Material, genügend Raum, genügend Rohstoffe, genügend Menschen zur Verfügung hat. Aber das schlägt sofort dialektisch um. Innerhalb dieser Strukturen entfaltet sich ein antisozialistisch-konterrevolutionärer Inhalt, da nun einmal die Charakterstrukturen, Verhaltensweisen, Traditionen usw. nicht die eines hochentwickelten, bereits durch die Demokratie hindurchgegangenen Industrielandes sind, sondern die einer vorindustriellen und vordemokratischen Gesellschaft, die noch mit der Hypothek des zaristischen Absolutismus und des russischen Imperialismus, des Analphabetismus und der Leibeigenschaft belastet ist. So wurde Rußland zum Teil notgedrungen, zum Teil sogar bewußt wieder zum »ewigen« alten Rußland. Im Innern wie im Verhalten zur Außenwelt hat es zwar keineswegs hundertprozentig, aber doch in einigen wesentlichen Aspekten die Strukturen des alten Rußland restauriert und sich damit wieder in die auch nicht einmal so radikal veränderte Staatenwelt eingefügt.

Frage: Lassen sich geistes- oder kulturgeschichtliche Parallelen in der Entwicklung zum Neo-Konservatismus zwischen Ost und West ausmachen?

Flechtheim: Eine Spielart der Konvergenztheorie verweist darauf, daß sich sowohl im Westen wie im Osten die Herrschaftsstrukturen stabilisiert und verfestigt haben. Wenn wir bei uns mit Recht von Spätkapitalismus sprechen, so könnte man vielleicht für Rußland ähnlich von Spätstalinismus oder Spätetatismus reden. Hier zeigen sich sehr wohl Parallelen in West und Ost bei der Aufrechterhaltung hierarchischer und autoritärer, aber auch mit modernen technologischen Elementen angereicherter nationaler, staatlicher und imperialer Systeme.

Frage: Sie schreiben an einer anderen Stelle Ihres Buches *»Futurologie – Der Kampf um die Zukunft«*, daß, »während der Katholizismus die Zukunft als Dimension der Humanisierung im Diesseits zu erkennen beginnt«, im Kommunismus die fernere Zukunft zum Objekt einer dogmatischen Heilserwartung, also letztlich transzendent wird[4].

4 Ossip K. Flechtheim: Futurologie — Der Kampf um die Zukunft, Köln 1970.

In welchem Zusammenhang steht diese fundamentale Verschiebung religiös-ideologischer Wertvorstellungen einerseits und philosophisch-politischer Zielvorstellungen andererseits mit dem Wiederaufleben des Konservatismus in beiden Gesellschaftssystemen?

Flechtheim: Das ist die andere Seite derselben Medaille. Wenn man die Zukunft nur noch im Jenseits ansiedelt, sei es wie im traditionellen Christentum im Jenseits eines Himmels oder wie heute im Kommunismus im Jenseits einer fernen Zukunft, von der man nicht weiß, wann sie je kommen wird, löst man die Gegenwart von der Zukunft ab; die Gegenwart gerät alsdann unter den Einfluß der Vergangenheit. Die aus der Vergangenheit in die Gegenwart übernommenen Strukturen bleiben erhalten, können in der Praxis nicht verändert werden; das soll ja eben nur in der fernen unbestimmten Zukunft möglich sein. So wird sogar heute in der Sowjetunion das Ableben des Staates in eine unübersehbare Zukunft verlegt, und vom Absterben der Partei ist überhaupt nicht mehr die Rede. Insofern erleben wir hier so etwas wie eine Renaissance des Konservatismus in dem Sinne, daß die von der Zukunft getrennte Gegenwart immer stärker als die Fortsetzung der Vergangenheit erscheint, während die futurologischen Vorstellungen und Möglichkeiten, die die Verheißung der Zukunft realisieren sollen, immer mehr zu einer Sonntagsideologie abgewertet werden.

Frage: Welche Zukunftschancen geben Sie dem Neo-Konservatismus in der Bundesrepublik?

Flechtheim: Hier muß man vielleicht etwas differenzieren: Wenn Sie unter Neo-Konservatismus die typisch deutsche Variante des Konservatismus eines *Franz Josef Strauß* oder auch eines *Rainer Barzel* verstehen, so bin ich keineswegs sicher, daß dieser »deutschnationale« Konservatismus eine große Zukunft in Deutschland haben wird. So veraltete Vorstellungen und überholte Verhaltensweisen sind wohl für jede moderne Gesellschaft, jede moderne »Realpolitik« unmöglich. Das gilt auch für die Weltpolitik. Unabhängig davon, wer die Regierungsgewalt in Deutschland in Zukunft übernehmen wird, eine Rückkehr zur *Adenauerschen* Außenpolitik bleibt ausgeschlossen. Aber auch in der Innenpolitik wird man wahrscheinlich nicht zu jener unglaublich reaktionären Schul-, Kultur- oder Justizpolitik der fünfziger Jahre zurückkehren. Wer kann glauben, daß man den Artikel 175 des Strafgesetzbuches wieder einführen oder — wie das in der Vergangenheit ja geschehen ist — in Zukunft etwa die Eltern, die ihren volljährigen Kindern erlauben, außereheliche Beziehungen zu unterhalten, wegen »Kuppelei« strafrechtlich verfolgen wird? Inzwischen sind Dinge geschehen, Entwicklungen in Fluß gekommen, die nun auch die Konservativen mehr oder weniger willig akzeptieren müssen. Was allerdings die großen Probleme betrifft, wie etwa die Überwindung des Nationalstaates (nicht nur im Sinne der EG, sondern im Sinne des Ausgleichs zwischen West- und Osteuropa, einer stärkeren Integrierung mit der *Dritten Welt* usw.), bin ich recht skeptisch. Ich könnte mir vorstellen, daß die heute schon sehr schwachen progressiven Ansätze im Falle wirtschaftlicher Schwierigkeiten wieder einen Rückschlag erleiden werden. Als Reaktion auf Schwierigkeiten und auch auf die Halbherzigkeiten unserer Liberalen und Sozialen könnten die Konservativen wieder stärker an Boden gewinnen — latent bleibt der Mensch von heute bereit, sich immer wieder in die »gute alte Zeit« zu flüchten, um im Sinne von *Erich Fromm* der Verantwortung der Freiheit zu entgehen.

Frage: Herr Professor *Flechtheim,* und auf weltpolitischer Ebene: Welche Zukunftschancen hat der Neo-Konservatismus in den entwickelten Ländern der beiden großen Gesellschaftssysteme?

Flechtheim: Ich sehe hier mehrere Alternativen. Wenn alles gutgeht, werden die Begrenzungen der augenblicklichen Gesellschaftssysteme in West und Ost überwunden. So würden die demokratischen, liberalen und humanistischen Ansätze des Westens weiter entwickelt und auch im Osten Aufnahme finden; umgekehrt würden vom Westen die sozialen, die planerischen Impulse des Ostens aufgenommen und weiter verfolgt werden, so daß wir dann zu einer echten Synthese von Liberalismus und Sozialismus kommen würden, zu einer Versöhnung der Demokratie, wie wir sie im Westen trotz all ihrer Unzulänglichkeit zu schätzen wissen, und der gemein- und planwirtschaftlichen Ansätze des Ostens. Ob diese schwierige Aufgabe gelingen wird, vermag ich nicht zu beurteilen; sie ist um so schwieriger, da auch noch die Probleme der *Dritten Welt* zur Lösung anstehen, ebenso wie die Umweltbedrohung, die Bevölkerungsexplosion usw. Wenn solche Lösungen nicht gelingen sollten, dann kann ich mir vorstellen, daß wir noch auf lange Zeit in Systemen leben werden, die die unmittelbaren Tagesbedürfnisse der Menschen mehr schlecht als recht erfüllen, die aber den großen Gemeinschaftsaufgaben, den Aufgaben der Infrastruktur, der Bewältigung der Umweltprobleme, der Herstellung einer internationalen Friedensordnung, der Entwicklung der einen Welt weder Genüge leisten können noch werden. Ich würde das als Tendenz zum Neo-Cäsarismus oder sogar Totalitarismus charakterisieren. Dann fragt sich aber auch, ob nicht solche Gesellschaftssysteme an ihren eigenen Widersprüchen früher oder später zugrunde gehen werden. Dann mag sich für die ganze Menschheit wiederholen, was es in der Geschichte der westlichen Zivilisation nach dem Zusammenbruch der antiken römischen Kultur schon einmal gegeben hat, nämlich ein neues »dunkles Zeitalter«. Die Antike ist ja auch an ihren eigenen Widersprüchen untergegangen, da sie die für sie typischen Beschränkungen der Sklavenwirtschaft, der Polis, der Ausschließlichkeit gegenüber den Barbaren nicht überwinden konnte.

Wir stehen heute an einem entscheidenden Wendepunkt; gerade derjenige, der die großen Werte der Vergangenheit bewahren will, kann dies nicht dadurch erreichen, daß er die überlieferten Strukturen und Institutionen einfriert, vielmehr nur so, daß er sie dynamisch weiterentwickelt. Vielleicht darf ich hier erinnern an *»Alice im Wunderland«*, ein berühmtes Märchen aus dem 19. Jahrhundert, in dem es heißt: wir müssen sehr rasch laufen, wenn wir auch nur auf der Stelle bleiben wollen. Und wir müssen uns schon viel Neues einfallen lassen, wenn wir auch nur ein Stückchen weiterkommen wollen.

Anspruch und Möglichkeit der Futurologie
Ein Gespräch mit Peter J. Opitz
Auszugsweise veröffentlicht in: »er«, München, Heft 3/April 1971.

Ist die Futurologie eine Wissenschaft?
Ein Gespräch mit Claus Menzel
Auszugsweise veröffentlicht in: »Epoca«, München, Heft 4/April 1970.

Kritische Futurologie – Brücke zwischen Ost und West
Ein Gespräch mit Adelbert Reif
Erstmals veröffentlicht in: Adelbert Reif (Hrsg.): »Interviews«, Hamburg 1972.

Gewalt und Gegengewalt – Legitimationsprobleme der Demokratie
Ein Gespräch mit Hans-Norbert Janowski
Erstmals veröffentlicht in: »Evangelische Kommentare«, Stuttgart, Heft 3/März 1969.

Demokratisierung durch Annäherung
Ein Gespräch mit Eberhard Rottmann
Erstmals veröffentlicht in: »Weser-Kurier«, Bremen, Nr. 51 vom 1./2. März 1969.

Parteiendemokratie in der Krise
Ein Gespräch mit Adelbert Reif
Auszugsweise veröffentlicht in: »Werden« '73. Jahrbuch für die deutschen Gewerkschaften, Köln 1973.

Hat der Konservatismus eine Zukunft?
Ein Gespräch mit Adelbert Reif
Erstmals veröffentlicht in: Adelbert Reif (Hrsg.): »Interviews«, Hamburg 1972.

Der Autor

Ossip K. Flechtheim wurde 1909 in Nikolajew (Rußland) geboren, seit 1910 lebt er in Deutschland. Er studierte Rechts- und Staatswissenschaften an den Universitäten Freiburg im Breisgau, Paris, Heidelberg, Berlin und Köln. Nach seiner Promotion (1931) war er bis 1933 als Referendar tätig. 1933 erfolgte seine Entlassung aus politischen und »rassischen« Gründen; 1935 wurde er verhaftet, nach seiner Freilassung emigrierte er in die Schweiz und studierte von 1935 bis 1939 in Genf. Anschließend war er von 1939 bis 1946 und von 1947 bis 1951 Dozent und Professor an verschiedenen amerikanischen Hochschulen. 1946/47 arbeitete er als Sektionschef beim US-Hauptankläger für Kriegsverbrechen in Nürnberg. Von 1951 bis 1952 war er Gastprofessor an der Freien Universität Berlin und von 1952 bis 1959 Professor an der Deutschen Hochschule für Politik in Berlin, dazwischen von 1954 bis 1955 Gastprofessor an der University of Cansas City. 1959 wurde er außerordentlicher, 1961 ordentlicher Professor für die Wissenschaft von der Politik an der Freien Universität Berlin (Otto-Suhr-Institut).

Wichtige Veröffentlichungen:

Die KPD in der Weimarer Republik (3. Auflage 1973);

Grundlegung der politischen Wissenschaft (1958, Herausgeber und Mitverfasser);

Dokumente zur politischen Entwicklung in Deutschland seit 1945 (1962 ff., 9 Bände);

Von Hegel zu Kelsen (1963);

Eine Welt oder keine? (1964);

Weltkommunismus im Wandel (1965);

History and Futurology (1966);

Bolschewismus 1917 bis 1967 (1967);

Westdeutschland am Wendepunkt (1967);

Futurologie — Der Kampf um die Zukunft (2. Auflage 1971);

Die politischen Parteien der Bundesrepublik Deutschland (1973);

Zeitgeschichte und Zukunftspolitik (1974);

Marxistische Praxis — Selbstverwirklichung und Selbstorganisation des Menschen in der Gesellschaft (1974, mit Ernesto Grassi, Herausgeber und Mitverfasser).